図解 PREMIUM

眠れなくなるほど面白い

ヤバい心理学

ビジネス心理研究家
神岡真司 監修

日本文芸社

はじめに

心理トリックや心理テクニックをうまく使えば自由自在！

本書は、35万部突破のベストセラーになった「ヤバい心理学」の図解プレミア版です。

重要度A級の心理コンテンツを厳選し、新たにお届けするものです。


私たちの思考は、そもそも騙されやすく、間違いを犯しやすいプロセスに満ちています。

ヒューリスティック（※1）や認知バイアス（※2）といった影響から逃れられないからです。

私たちは物事の本質をつかもうとするとき、まずは直感で判断しようとします。

瞬間的に、無意識に、単純化して考える脳の「システム1」が機能するのです。

「あ、ヘビだ、危ない」と足元のヘビに気づいたら即座に飛びのきます。

「ええと、2×3は6だから、6人分あれば十分足りるな」などと計算します。

「ラーメンの汁を全部飲むのは、ダイエットによくないから控えよう」といった反射的な思考で、脳が疲れないようにしているのです。

※1：ヒューリスティック＝経験則で簡単な問題に置き換え判断するが、間違いも冒す思考プロセス。
※2：認知バイアス＝ヒューリスティックの判断ミスで、誰もが陥りやすい心理傾向のミス。

ところが、簡単に判断できない場合があります。

「どうしたら、この商品は売れるのか」「Ａの条件とＢの条件では、どちらを選ぶべきだろうか」などというときには、時間もかけ、論理的かつ意識的な思考をするため、脳に負荷がかかる「システム２」を起動させています。

こうした勘で判断する「システム１」や、論理的に思考する「システム２」のいずれであっても、私たちはヒューリスティックや認知バイアスといった「思考の癖」「判断の偏り」「思い込みの罠」から逃れられないのです。

たとえば、ハンサムや美人は、心も爽やかでキレイな人に思えてしまう「ハロー効果」などは、「大いなる誤解」に満ちているのに、そう思えてしまうのです。

つまり、人はこのように、知らず知らずのうちに、いくらでもヤバい誘導にさらされているのです。

本書を読むことで、これからは心理トリックのワザを使って、ヤバい誘導でうまく人を操り、快適な人生にしていただくことを願ってやみません。

神岡真司

眠れなくなるほど面白い 図解 ヤバい心理学

目次

第1章
相手の言動から心理を見抜く

STAGE 1

相手の思考を見抜くなら「目の動き」を見ろ！

目の動きでウソをついているかわかる

「目は口ほどにものを言う」ということわざがありますが、**実際に人は脳内でなにかをイメージしているとき、その内容によって目の動きを変えることが知られています。**

例えば右利きの人の場合、一般的に自分の記憶にない映像を頭の中で想像しているときは目は右上の方向を、反対に記憶の中にある映像を思い出しているときは目は左上を向きます。また、自分の記憶にない音や言葉を想像しているときは目は右横を、記憶にある音や言葉を思い出しているときは左横を向くとされています。

つまり、あなたの質問に対して、相手が視線を右上や右横にそらしながら答えた場合、実際にあったことの記憶をたどる左脳ではなく、**右脳をフル回転させて架空の出来事を作り出している＝ウソをついている可能性が高いと判断することができるわけです。**

なお、左利きの多数と右利きの一部の人は目の動きが逆になるともされています。しかし、あらかじめ相手の目の動きの法則がわかると、それに基づいた反応が得られることがわかっています。日頃から相手の目の動きに注目しておくと、ウソか本当かを見抜けるようになるのです。

目の動きでわかる脳内イメージ

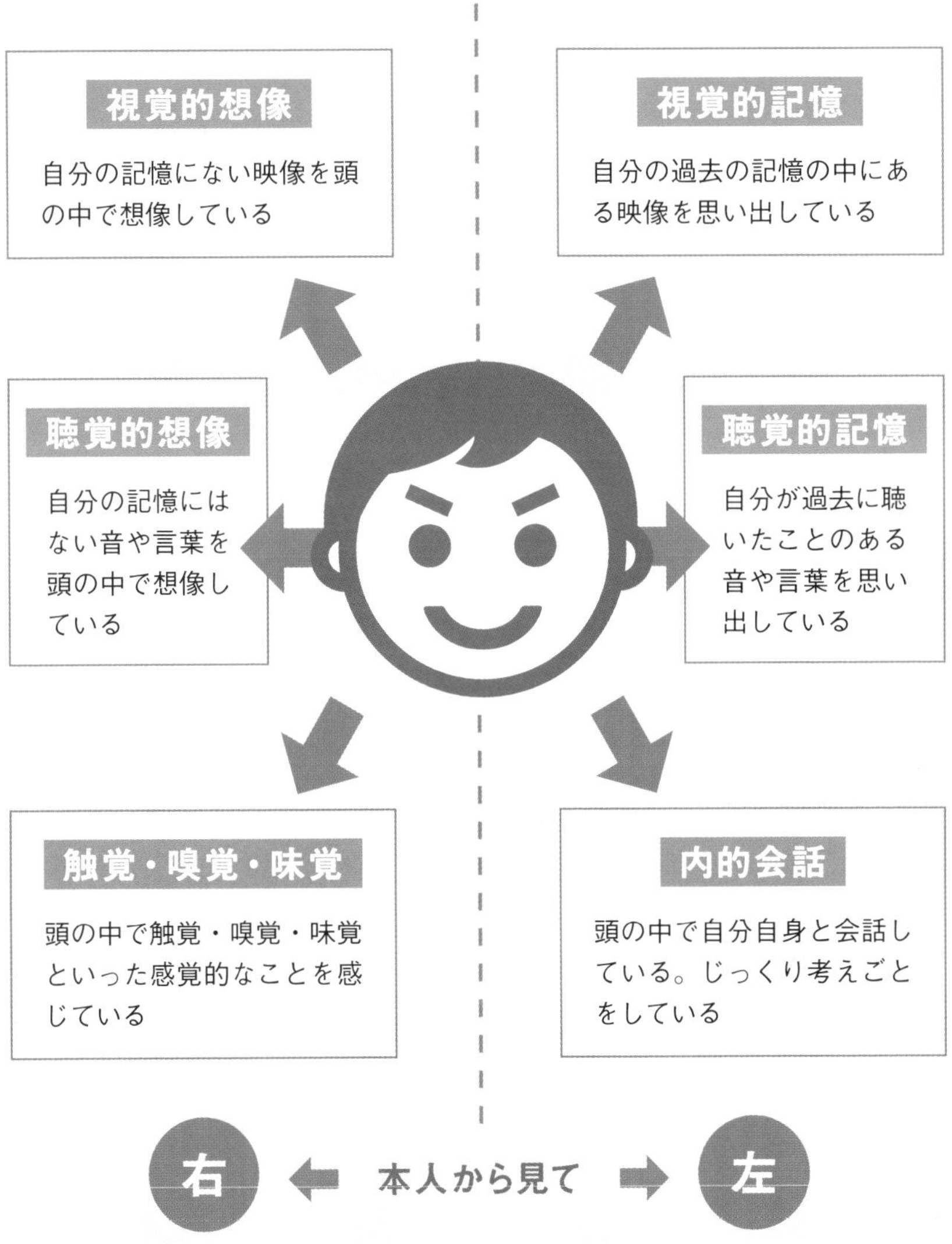
視覚的想像
自分の記憶にない映像を頭の中で想像している
視覚的記憶
自分の過去の記憶の中にある映像を思い出している
聴覚的想像
自分の記憶にはない音や言葉を頭の中で想像している
聴覚的記憶
自分が過去に聴いたことのある音や言葉を思い出している
触覚・嗅覚・味覚
頭の中で触覚・嗅覚・味覚といった感覚的なことを感じている
内的会話
頭の中で自分自身と会話している。じっくり考えごとをしている
右
本人から見て
左

（右利きの人の場合。左利きの人は逆になることが多い）

STAGE 2

相手のウソを見抜く方法

ウソをついているときの身体的反応

人はウソをついているときにそれを指摘されると、緊張からさまざまな身体的反応を起こしやすくなります。そのため、相手がウソをついているかもと感じたら、「それってウソじゃないの?」と思い切って質問してみるのも有効です。

例えば、それまで普通に会話していたのに、質問をした途端、急に早口になったり、言葉がしどろもどろになったり、言い間違いが多くなったりした場合は、明らかに動揺している証拠といえます。また、それ以上の追及を逃れたいという心理から、**急に話題を変えようとするのもよく見られる反応のひとつです。**

ほかにも、目が泳ぐ、まばたきの回数が多くなる、急に怒り出す、落ち着きのない動作をする、額や手が汗ばんでくる、というのも動揺しているときに表れる代表的なしぐさ。こうした反応が出たら、かなり怪しいといえるでしょう。

さらに、**話し終わったあとの反応を見るのも、ウソを見破るひとつの方法です。**人はウソがバレなかった場合、自然と安堵感を示し、それが口元に手をやる、胸元に手をやる、唇を舐める、片側の口角が上がるといった身体的反応として表れる場合があるのです。

ウソをついているときに表れがちな反応

■ウソを言っている最中の身体的反応

- 早口になる
- 言葉がしどろもどろになる
- 言い間違いが多くなる
- 急に怒り出す
- 目が泳ぐ
- 落ち着きのない動作をする
- 額や手が汗ばんでくる

■ウソをついてうまく乗り切ったあとの身体的反応

口元に手をやる

うかつな発言がなかったかの不安な心理の表れ

胸元に手をやる

ピンチを乗り切ってほっとしたときに出やすいしぐさ

唇を舐める

緊張によって喉の渇きが気になるときの反応

片側の口角が上がる

うまく騙し通せた達成感から来る相手を見下した心理

STAGE 3

体のどこを触るかで相手の心理が見える

無意識に表れるクセから見抜けること

会話しているときや、ひとりで作業しているときなど、無意識に表れるクセ。一見、意味のなさそうなこうしたクセにも、その人の意外な一面が表れていることがあります。

例えば、考え事をしているときや、**会話が盛り上がらないときなど、自然と口元に手がいく人は、精神的に他人に依存したがる傾向があるとされています。**これは、幼い頃に母親のおっぱいを吸うことで、唇から栄養と安らぎを同時に得ていたことの名残。不安や心もとない気持ちになると、記憶に刻まれたかつての安心感を求めて、つい口元を触ってしまうというわけです。

また、**会話しながら耳たぶを触ったり、頬に手を当てたりする人は、サービス精神が旺盛でナルシストなタイプであるとされています。**このタイプは盛り上がるなら話を脚色する傾向があるので、話半分で聞いておくとよいでしょう。

ほかにも、話を聞きながら「えー、そうなの～」と頬《ほお》を触る人は、共感性が高く、相手の話に敏感に反応するタイプ。目元を触るのは、無意識に目の表情を読み取られまいとする心理の表れで、ウソをついているときにやりがちなしぐさのひとつとされています。

つい手が伸びるパーツとその人の性質

目元を触る人

ウソをついているときに表れやすいしぐさ。無意識に目の表情を読み取られまいとする心理の表れ

耳や頬を触る人

サービス精神が旺盛でナルシストな人に表れやすいしぐさ。盛り上がるなら話を面白おかしく脚色する傾向がある

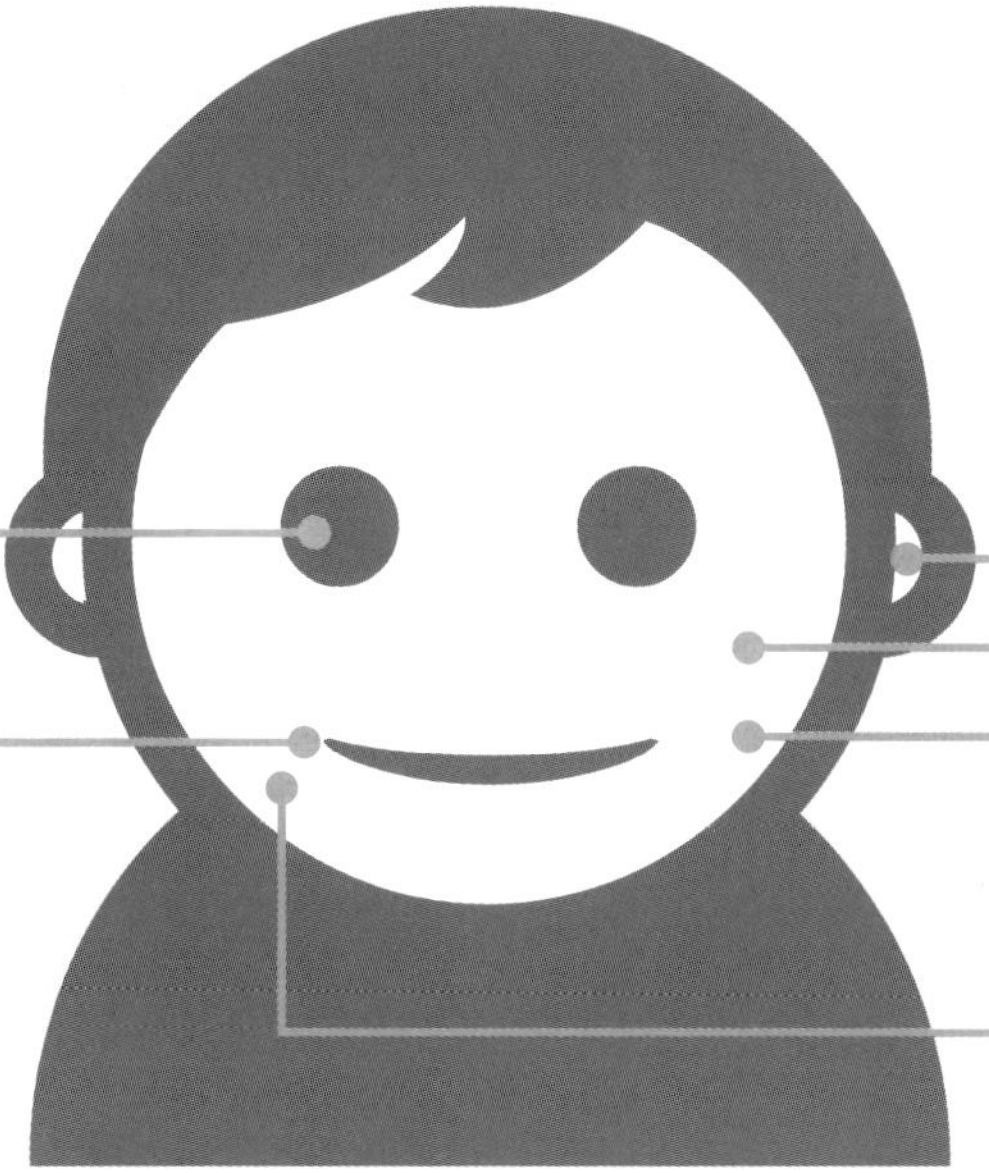

口元を触る人

無意識に安心感を求めているしぐさ。居心地が悪くなったときに出やすい。他人に依存したがる傾向がある

頬を触る人

共感性が高く、相手の話に敏感に反応する人に表れやすいしぐさ

STAGE 4

プライドの高い人がやりがちなクセとは

アゴの向きで相手の心理がわかる

プライドが高く、野心家な人ほど、周囲に対して自分を大きく見せたいと感じるもの。その意志は能力やキャリアだけでなく、外見にも及びます。つまり、**物理的にも自分を大きく見せようとするのです。**

そんな人がやりがちなクセといえるのが、会話のときにアゴを突き出すポーズ。アゴを突き出すと、胸もおのずと前に出て、視線は上から下と、相手を見下ろす形になります。これは、周囲より自分が優位に立ちたいという心理の表れ。普段からこのポーズが染みついている人は、**常に周囲よりも自分のほうが上であることを示したいという願望を持った、自己顕示欲の強い人だといえます。**

一方、それまで普通に話していた相手が、なにかをきっかけに、アゴを引いて上目遣いになったら、**それはあなたに対してなにか反論があることを意味しています。**

アゴを引くと目の前の相手に頭を向けることになりますが、これはファイティングポーズにも通じるもので、相手への威嚇・攻撃の心理を表しています。もし、目の前の相手がこの態勢になった場合は、受けて立つか回避するか、即時に対応するようにしましょう。

アゴでわかる相手の心理状態

■会話のときにアゴを突き出して話す

周囲より自分が優位に立ちたいという心理の表れ

相手を見下ろす上から目線

アゴをぐっと突き出す

野心や出世欲の強い人ほど、このポーズをとって自分を大きく見せたがる傾向がある

■会話の途中でアゴを引いた状態になる

こちらの意見に対して、なにか反論があることを示すポーズ

相手を見上げる上目遣い

アゴをぐっと引く

相手はこちらに反論があるので、受けて立つか回避するか判断する必要がある

STAGE 5

口グセで相手の本性を見極める①

**何気なく使っている口グセには
こんな意味が……**

世の中、何事も「絶対」なんてことはありませんが、まれに「絶対大丈夫」「絶対うまくいく」など、やたらと「絶対」という言葉を使いたがる人がいます。「絶対」というからにはよほど自信があると思いきや、**深層心理学的にはその逆で、実は「絶対」というのは自信のなさの表れ。**根拠もなく「絶対」を多用する人は、相手に保証したり説得したりするというよりは、「絶対に大丈夫なはず」と自分に言い聞かせているわけです。

決定ではないけれど、とりあえずの意味で使われる「いちおう」。**これが口グセの人は固定概念が強く、実は変更を嫌うタイプ。**「いちおう」と言いつつ、内心では決定事項となっている場合も多いので、余計な提案は逆効果になる可能性も。

「やっぱり」が口グセの人はひとつのことに固執せず、物事を臨機応変に考えるタイプ。状況の変化にも柔軟に対応できる反面、場当たり的で一貫性に欠ける傾向もあります。また、**「えーと」が口グセの人は依存心が強く幼稚なタイプです。**プレゼンなどで「えーと」を多用すると、相手に対して内容に迷いがあったり、理解が至らないのではという印象を与えかねません。身に覚えのある人は、控えるように心がけましょう。

ログセからわかる相手の性質

「絶対」がログセの人

絶対
うまく行く！

心理学的には……

自信のなさの表れ

感覚でものを言うタイプで、「絶対」と自分に言い聞かせることで自信のなさをごまかしている場合も。「絶対」という言葉をうのみにしないことが大事

「いちおう」がログセの人

いちおう
このプランで
進めよう

心理学的には……

頭が堅く変更を嫌う

柔軟に見えて、実は頭が堅い。「いちおう」と言ってはいるが、その後内容が変更されることはほぼないと考えて動くのが賢明

「やっぱり」がログセの人

やっぱり
失敗したね

心理学的には……

物事を臨機応変に考える

さまざまな状況の変化にも巧みに対応できる反面、場当たり的で一貫性に欠ける傾向も。こちらも柔軟な姿勢で付き合うのが正解です

「えーと」がログセの人

えーと、
その資料に
ついては…

心理学的には……

依存心が強く幼稚

「えーと」で無意識に自分に注目を集め、今の状況を共有してほしいという幼稚性の表れ。こまめに相手を肯定することで信頼を得られる

STAGE 6

口グセで相手の本性を見極める②

この口グセの人にはこう対処すべし！

「この前はホント大変でさあ」と、**なにかにつけて苦労話をしたがる人は、総じて自分の実力を過大評価しがち**。「大変だったけどやり遂げた」「難局を乗り切った」と語るうちに、実際以上にハードな仕事をしたような気になり、自分の実力も過大評価してしまうのです。下手に否定しても機嫌を損ねるだけなので、適当に相づちを打ったりしながら聞き流すのがよいでしょう。

話の冒頭に「さて」を使う人は、几帳面で融通が利かないタイプ。このタイプは年功序列を重んじる傾向があるので、相手が年上の場合は敬語を使うなど敬う姿勢を見せることが大事です。

こちらの意見に対して、**すぐに「でも」と言い返してくる人は、何事も慎重に進めたい猜疑心の強いタイプ**。親しくなるには時間がかかる性格ですが、相手の不安材料を解消するように心がければ少しずつ信頼を得ることができます。

また、**「というか」が口グセの人は何事に関しても、とりあえず自分の意見を言っておかないと気が済まないタイプといえます**。自己主張が強く、いちいち前の話題を蒸し返して、会議や打ち合わせが長引く原因になることも。振り回されないよう注意したいところです。

ログセからわかる相手の性質

「大変だった」がログセの人

大変だったけど
どうにか
やり遂げました

心理学的には……

自己評価が高い

「大変だった」と苦労話が多い人は、総じて自分の実力を過大評価しがち。否定せず、適当に相づちを打ったりしながら聞き流すのがよい

「さて」がログセの人

さて、
次の議題に
ついて

心理学的には……

几帳面で融通が利かない

話し言葉ではなかなか使いにくい「さて」は秩序を重んじる姿勢からくるもの。融通が利かないところがあるので、一緒に仕事をする場合は要注意

「でも」がログセの人

でも、
それって〜

心理学的には……

猜疑心が強い

猜疑心が強く、何事も慎重に進めたいタイプ。親しくなるには時間がかかるが、相手の不安材料を解消するように心がければ少しずつ信頼を得られる

「というか」がログセの人

というか、
それ意味
あります？

心理学的には……

自己主張が強い

何事に関しても、とりあえず自分の意見を言っておかないと気が済まないタイプ。打合せの進行を阻害する可能性があるので振り回されないよう注意

STAGE 7

要注意な人を見極める 3つの口グセとは

要注意な「ここだけの話」「だから」「意外と」

内緒話や秘密を打ち明ける際に使われる「ここだけの話」という言葉。実はこの言葉の根底には、**自分の情報をオープンにすることで、相手ともっと親しくなりたい、深い付き合いになりたいという気持ちがあります。**心理学ではこれを「**自己開示の返報性**」といい、これをきっかけとして「実は……」と自分もプライベートな話をして、両者の距離がさらに近づくことも少なくありません。

ただし、「ここだけの話」には自分が情報を伝えることで、暗黙のうちに相手にも情報を開示してほしいと促す効果もあります。なかには相手の持つ情報を引き出す手段として「ここだけの話」を使ってくる人もいるので、その場の雰囲気に流されて余計なことを話さないように注意が必要です。

また、注意という点では、「だから」が口グセの人も気を付けたい相手。**「だから」と他人の話に割って入り、強引に自分の意見にまとめようとしがちです。**このタイプは基本姿勢が我儘《わがまま》で身勝手なので、仕事でもトラブルメーカーになりやすい傾向にあるようです。また、**「意外と」を多用する人は、イレギュラーなことを面白がるタイプ。**堅実な人にとってはそれがストレスになる場合もあるので、付き合い方には注意が必要です。

このワードを使う人には要注意

「ここだけの話」がログセの人

ここだけの話
なんだけどさ…

心理学的には……

自己開示の返報性を求めている

「自己開示の返報性」とは、自分の秘密などを打ち明けることで、相手も同じように秘密を打ち明けたくなる心理のこと。その根底には、お互いに秘密を共有することで、相手とより親密になりたいという心理がある

ただし……

> こちらの情報を引き出す手段として「ここだけの話」を使ってくる相手もいる。乗せられて余計なことを話さないよう注意！

「だから」がログセの人

だから～
それはこうした
ほうが

心理学的には……

我儘で身勝手

強引に話の主導権をとりたがる人が使いがちなのが、押し出しの強い「だから」。このタイプは基本姿勢が我儘で身勝手なので、できるだけ適度な距離感を持って接したい

「意外と」がログセの人

意外と
うまく
いくかも

心理学的には……

意外性を面白がる

イレギュラーなことを面白がるタイプで、堅実派の人にとってはそれがストレスの原因に。ただ、先入観にとらわれないアイデアマンでもあるので、うまく付き合いたい

STAGE 8

この行動をとる人は実はクセもの？

意見を否定しない人＝賛同する人ではない

相手の意見を無下に否定しない人は、一見謙虚に見えて、実は攻略するのが最も難しいタイプ。

このタイプの人は、どんな意見にも「なるほど」「そうだね」と、まずは一通り耳を傾け、そのあとで一気に自分の意見を述べて、その方向に舵《かじ》を切ろうとします。たとえ的外れな意見でも辛抱強く聞く忍耐力のある人なので、いったん判断すると、粘り強く自分の意見を押し通す頑固さも備えています。このタイプと意見が分かれた場合、覆すのは容易ではないと考えておくべきでしょう。

また、ビジネスの場面では、ときに交渉相手と握手することがあります。このとき**握手に熱意が感じられない人は、個人として深い結びつきを求めていないことの証。**常に一定の距離を置いて人と接したいタイプなので、こちらも適度な距離感をもって付き合うのが無難です。

距離感という点では、名前で呼びかけるというのはお互いの信頼を深める第一歩。ところが、仕事で何度か一緒になっているにも関わらず、会社名にさん付けや「すみません」のように、名前を呼ばすに済まそうとする人がいます。**こういう人は、相手を尊重する気持ちが希薄。残念ですが、親しくなるのは難しい相手だといえます。**

行動でわかる相手のパーソナリティ

■相手の言うことを常に肯定する人は……

なるほど
そうだね
ただ
僕としては

**謙虚に見えて
じつは一番手強い相手！**

相手の意見を聞いて冷静に判断するタイプ。いったん判断すると、粘り強く自分の意見を押し通してくる頑固さがある

■握手に熱意が感じられない人は……

よろしく
初めまして
……
（無言）

**個人として深い結びつきを
求めていない**

常に一定の距離を置いて人と接したいタイプ。またはシャイな性格の人物。こちらも適度な距離感で付き合うのが無難

■名前ではなく「すみません」などと呼びかける人は……

●△社さん
ちょっといいですか
すみません、
これなんですが…

**個人として相手を尊重する
気持ちが薄い**

「すみません」や会社名にさん付けで呼んでくる人は、相手を尊重する気持ちが薄い。親しくなるのは難しい相手だといえる

STAGE 9

この行動のウラには こんな心理が隠されている！

目の前の現実から逃げたい思いの表出

大事な試験の前日なのに、思ったよりも勉強が進んでいない。普通であれば一夜漬けでもいいから少しでも勉強を粘らないといけない状況にも関わらず、なぜかおもむろに部屋やデスクの整理を始めてしまう人がいます。

なにもいまやらなくてもと思いますが、実はこれは心理学で**「セルフハンディキャップ」**と呼ばれる行為。その名の通り、**自分で自分にハンディを課すというもので、試験に対する不安や恐れの表れ。**うまくいかなかったとき、傷ついたり落ち込んだりしないように、自分自身を納得させる材料を用意しているのです。この状態に陥らないためには、やはり日々の努力が大事。しっかりとした準備ができていれば不安も解消され、安定した気持ちで試験に臨むことができるはずです。

また、**自分の本音から目を背けて自分自身を騙している状態だと、なにかをしようとした際、無意識に妨害する意図が作用し、異なる行動をとってしまうことがあります。**これは心理学では**「錯誤行為」**と呼ばれるもので、何度もミスを繰り返す人はこの状態に陥っている可能性が……。こういう人は要注意。思い当たる人は、一度自分の内面を見つめ直してみる必要があるでしょう。

セルフハンディキャップと錯誤行為

■やることがあるのに別のことをしてしまう心理とは？

テスト前日なのに
急に机周りの
整理を始めてしまう

これでOK……
のはず

心理学的には……

セルフハンディキャップ

迫りくる試験に対する恐れや自信のなさの表れ。うまくいかなかったとき、傷ついたり落ち込んだりしないよう、自分自身を納得させる材料を用意している

■うっかりミスを繰り返してしまう心理とは？

すみません…
やりたくない
またミス
しているぞ！

心理学的には……

錯誤行為

言い間違いや聞き間違いは、本人が気づいていない真の願望の表れ。こうしたミスが多い人は、抑圧されて日々葛藤している、または自分の本音から目を背け、自分自身を騙している状態の可能性がある

STAGE 10 しぐさでわかるリラックス&ストレス度

何気ない行為が実はストレス解消法だった

レシートやメモを受け取ったあと、くしゃくしゃに丸めて捨てる。一見、何気ない行為ですが、これをする人は、実はかなりストレスがたまった状態。心理学的には**くしゃくしゃに丸めるという行為によって、無意識にストレスを解消しようとしていると考えることができるのです。**

また、イスに座った際に、何度も足を組み直す人もストレスを抱えている可能性が高い状態。頻繁に足を組み直すのは、そうすることで、心に刺激を与えてリフレッシュさせていることを示しています。これは、それだけ自分をリラックスさせようとしていることにほかなりません。つまり、こまめにリフレッシュしなければならないほど、心にストレスをためていると考えることができるのです。もし友人などがそういう行為をしているようだったら、それとなく話を聞いてあげるとよいかもしれません。

ほかにもタバコを吸ったあと灰皿にぎゅっと押し付けて火を消す、用事が済んだのにいつまでも長電話をする、というのも無意識にストレスを解消しようとしている行為。身に覚えのある人は、一度自分の胸の中を見直して、ストレスの原因を考えてみてはいかがでしょうか。

リラックス＆ストレス度がわかるしぐさ

リラックスしている

▼おもなしぐさ▼

両手は横に下げたり、
後ろで組んでいる

首を傾ける

足は開き気味

イスに奥まで腰掛ける

ストレスを感じている

▼おもなしぐさ▼

不要な紙などを
くしゃくしゃに丸めて捨てる

足を何度も組み直す

灰皿にタバコをぎゅっと
押し付けて消す

不要な長電話をする

こうした行動で
無意識にストレスを解消しようとしている！

STAGE 11

相手からの好意のサインを逃すな

同じしぐさは相手からの好意のサイン

気になる異性とふたりで会っているとき、相手が自分に好意を持っているかを見極める方法として「ミラーリング」があります。

これは心理学で「**同調**」と呼ばれるもので、一方が笑ったら相手も笑い、飲み物を飲んだら相手も飲み、イスに深くもたれたら相手ももたれる、といったように、無意識のうちに相手と同じ行動をとることを指します。

この「**ミラーリング**」は、相手と共通の話題で盛り上がり、気持ちが高揚したときに起こる現象。ふたりで話しているときに相手が自分と同じような動作をしたら、それはあなたとの会話を心から楽しんでいる証拠。おそらく相手も自分に好感を抱いていると判断することができます。

また、相手からの好意のサインは瞳でも確認することができます。一般的に人は自分の好きなものや関心のあるものを見ると、瞳の瞳孔が大きく開きます。そのため、**話しているときによく目が合い、相手の瞳孔が開いていたらそれはあなたに興味を抱いているというサイン。**あなたの笑顔に相手も笑みを返してくれたら、かなり好感触といえるので、デートに誘うなど積極的にアプローチをしてみてもいいかもしれません。

ミラーリングは相手からの好意のサイン！

▼CHECK▼
「面白いよ」「面白いんだ」
「楽しいよ」「楽しいね」
など、自分の言葉を
オウム返ししてくる
▼CHECK▼
会話中によく目が合う
面白い～
●●が
面白くてさー
▼CHECK▼
自分が笑顔を向けると
相手も微笑み返す
▼CHECK▼
飲み物に手を伸ばすと
相手も伸ばす、
髪の毛を触ると
相手も触るなど
自分と同じしぐさをする

無意識のうちに相手と同じ行動をとることをミラーリングと呼び、共通の話題で盛り上がり気持ちが高揚したときに起こる

STAGE 12 行動でわかるパーソナリティ

個人の性格は普段の行動にも表れる

約束の時間を守ることは、社会人にとって基本中の基本といえるもの。ただ、遅れてはいけないという意識が強すぎるのか、なかには約束の時間の15分以上前に来る人がいます。

一見するとゆとりを持った行動を心がける慎重派に見えますが、実際はその反対で、時間管理がヘタでルーズなタイプの人がほとんど。自分が時間にルーズなことを自覚しているので、「絶対に遅れてはいけない」というときは、極端に早く来てしまうのです。

自分の欠点を踏まえて、時間を守ろうとする姿勢は評価できますが、約束の時間にちょうど間に合うためのスケジューリングができないことから、基本的に段取りが下手なことは間違いありません。待ち合わせだけでなく、仕事を進める上でも注意したい相手です。

また、**ポケットに小銭を入れて持ち歩く人は、小銭を軽く見ていることの証。**こうした人は地道な努力を嫌い、一発逆転を狙う傾向があります。お会計のときに1円単位まで小銭を出して支払おうとする人は、細かいことが気になるしっかり者。何事も最後まで手を抜かない几帳面な人が多いため、仕事も安心して任せられるタイプです。

普段の行動から相手の個性を読み解く

■約束の時間の15分以上前に来る人は……

**時間管理がヘタで
ルーズなタイプ**

約束の時間に遅れるだけでなく、早く来すぎるのも、時間の使い方がヘタ。慎重派に見えて、実際はルーズなタイプが多いので要注意

■ポケットにいつも小銭を入れている人は……

**地道な努力を嫌う
一発逆転タイプ**

成功のためにコツコツと地道な努力を重ねることを軽視しがち。たとえ成功しても一時的なものに終わりやすい傾向がある

■お会計のときに必ず小銭を出して支払う人は……

**細かいことが気になる
しっかり者タイプ**

財布の中も綺麗に整頓するなど、しっかり者で几帳面な性格。仕事も詰めの甘さとは無縁で、最後まできっちりやり遂げる人が多い

STAGE 13

愛用品が示すパーソナリティ

ショルダーバッグを愛用する人と流行を追いかける人

個人の性格は行動だけでなく、普段愛用している物にも表れます。例えばビジネスマンが毎日使うものとしてバッグがありますが、**ショルダーバッグを愛用している人は、好奇心旺盛で仕事だけでなく趣味も満喫する、自由な価値観を持つ人が多いとされています。**

ただし、このタイプはロマンチストで打たれ弱い面があり、一度バランス感覚が崩れると趣味の世界に没頭するなど、現実逃避することもあるので注意が必要です。

一方、最新のヘアスタイルやファッションをいち早く取り入れるなど、**常に流行を押さえている人は、ライフスタイル全般に高い感度を有するアンテナの広いタイプです。**

一見すると、自分なりのおしゃれを楽しんでいるこだわり派に見えますが、実は流行を追うのは、「自分だけ流行に遅れたくない」「みんなが認める価値あるスタイルをしたい」という心理が根底にあります。素の自分に自信がなく、流行を追うことで安心感を得ているのです。

こういう人は真面目で体制からはみ出すようなことはしない反面、積極性や冒険心に欠けるきらいがあるため物足りなさを感じることもあります。

愛用品から読み解く性格

■ショルダーバッグを愛用する人

自分の時間を大切にするロマンチスト

▼ポジティブな特徴▼

好奇心が旺盛

趣味など自分の時間を大切にする

仕事とプライベートの
バランスをうまく取っている

▼ネガティブな特徴▼

ロマンチストで打たれ弱い

バランス感覚が崩れると
趣味の世界に没頭するなど、
現実逃避することもある

■常に流行を押さえている人

自信がない真面目なタイプ

▼ポジティブな特徴▼

ライフスタイル全般に高い感度を有する

真面目で体制からはみ出すような
ことはしない

▼ネガティブな特徴▼

素の自分にあまり自信がなく、
流行を追うことで安心感を得ている

積極性や冒険心に欠けるきらいがある

STAGE 14 座る位置に反映される個人の性格と気持ち

複数人掛けシートの真ん中に座る人は……

電車など複数人が座れるシートで席が空いていた場合、**どこに座るかでその人の性格をある程度把握することができます**。例えば、ドアに近いシートの端に座る人は、常に他人と一定の距離感を保ちたいタイプ。このタイプは真面目で内向的な人が多いため、最初から慣れ慣れしく接すると警戒されます。適度な距離感を保ちつつ、時間をかけて少しずつ親密になるのがよいでしょう。

一方、**シートの真ん中に座る人は、他人との距離感があまり気にならないタイプ**。開放的でおおらかな性格の人が多く、初対面の相手ともすぐに打ち解けることができます。ただし、人のパーソナルスペースにも平気で入ってくる傾向があるため、ときにデリカシーがないと感じることも……。苦手に思うなら深入りしないのが賢明です。

また、講演会やパーティーの会場など、自由に席を選ぶことができる場面で、**なぜか出入口に近い席を好んで座りたがる人がいます。これは、「自分はここにいてよいのか」「その場に馴染めるか」といった不安の表れ**。無意識に「その場をすぐに逃げ出せるようにしておきたい」という心理が働き、実際に出入口に近い場所に座ることで、少しでもその不安を解消しようとしているのです。

座る場所で相手の個性や心理が見える

■複数人掛けシートで真ん中に座る

シートの端に座る人は、他人との間に一定の距離、いわゆるパーソナルスペースを広く保ちたいという意識が強い

席が空いているにも関わらず中央に座る人は、他人との距離感に無頓着なタイプが多い。プライベートでも他人のパーソナルスペースに遠慮なく立ち入りがち

■講演会やパーティなどで出入口に近い場所に座る

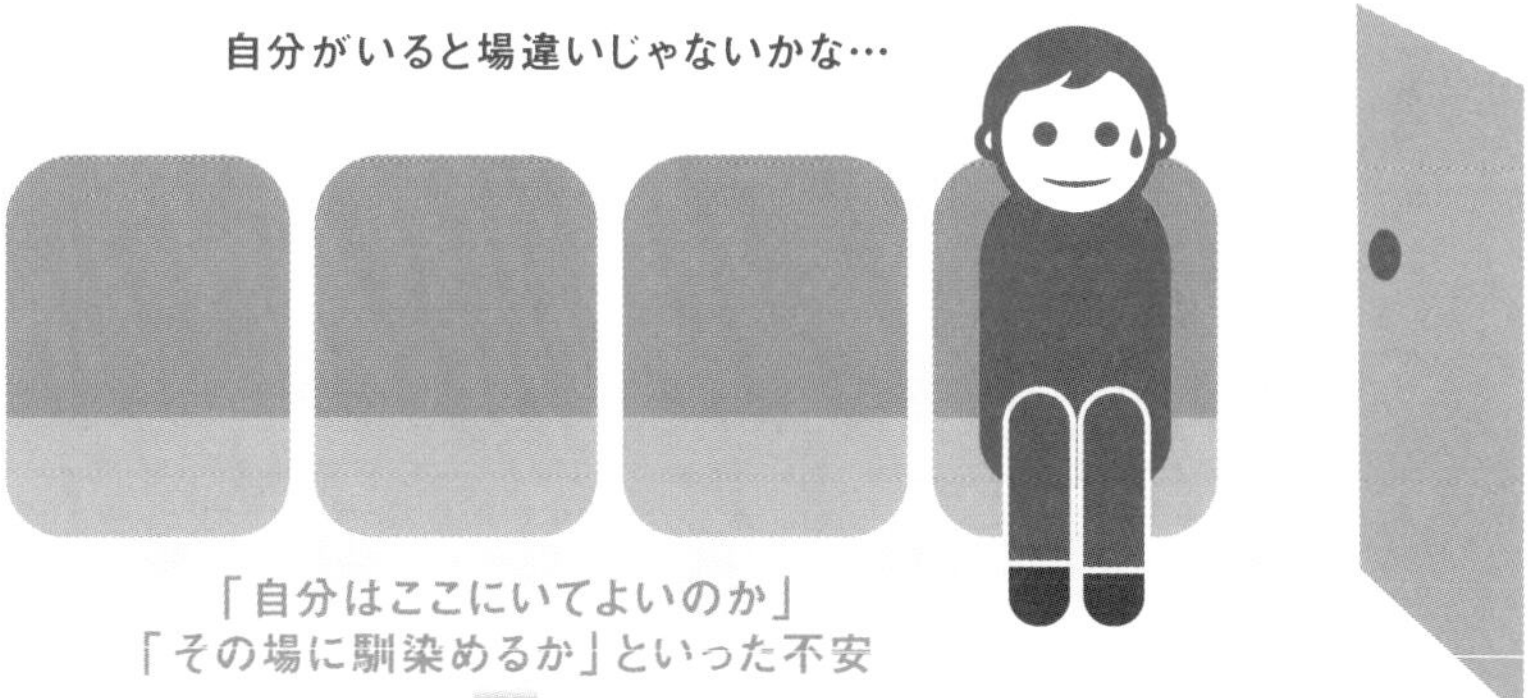

「自分はここにいてよいのか」
「その場に馴染めるか」といった不安

無意識に「その場をすぐに逃げ出せるようにしておきたい」
という心理が働き、出入口に近い場所に座る

STAGE 15

座ったときのしぐさでわかる相手の心理状態

前向きなときと警戒しているときの違い

座って会話している相手の本音を知りたいときは、相手の手の状態に注目。例えばテーブルの上でこぶしを作って手を前に出しているときは、相手が会話に前向きなサイン。営業などの場合、さらに押すことで、うまく契約に結び付く可能性も高いといえるでしょう。

反対に腕で囲いをつくっていたり、ひじをつかんだりしている場合は、こちらに対して警戒していることを意味しています。この場合、まずは相手が不安に思っていることをフォローするように努めることが最優先でしょう。

また、カップやおしぼりなど、テーブルの上にあるものを横にどかすのは、心をゆるして相手と向き合いたいという心理の表れ。逆にどかさないまま話すのは警戒を表しています。

一方、**手ではなくテーブルの下にある足にも、相手の本音を確認できるヒントが詰まっています。**一例としては、両足の底が床につき膝小僧がこちらに正対している場合は会話に前向きなサイン。両足、または片足の底が床につき、その先端が正面を向いていない場合は、話を切り上げたいサイン。つま先が床に付き、踵《かかと》を浮かせるのは陽気なことを示すサインとなっています。

座ったときのしぐさと相手の心理

会話に前向き

こぶしを作って手を前に

警戒している

腕で囲いをつくる

心を許して相対したい

テーブルの上の物をどかす

警戒している

ひじをつかむ

会話に前向き

両足の底が床につき
膝小僧がこちらに正対

話を切り上げたい

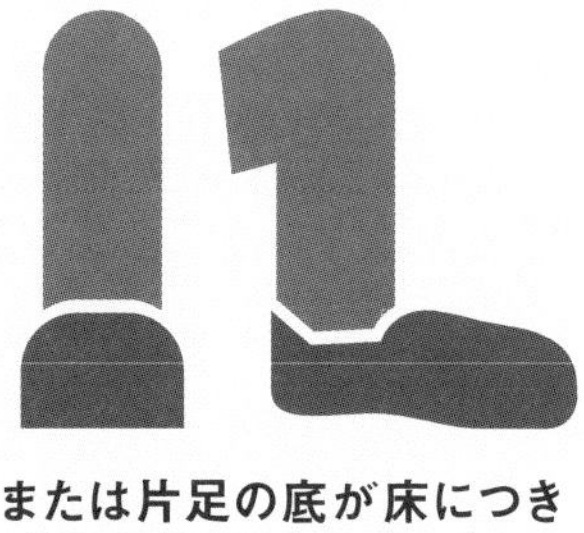

両足、または片足の底が床につき
その先端が正面を向いていない

STAGE 16

会議の座り位置でわかるリーダーのタイプ

どの席を選ぶかで親密度や性格がわかる

席を自由に選べる会議などの場合、相手が自分とどのような位置関係に座るかで親密度を測ることができます。例えば、相手が自分とテーブルの角を挟んで座った場合、その人はあなたと敵対している意識がないことがうかがえます。距離が近く、広げた書類などが触れ合うような位置につくことを厭《いと》わないことから、かなり親近感を持っていると考えられます。

一方、向かい合うようにテーブルの正面に座った場合、相手はあなたを親密な存在と見ていないと考えられます。そのため、会議では敵意の感じられる意見を述べたり、議論することも。正対するとはそういう心理の働く位置取りといえます。

また、**チームのリーダーは通常は席の中央に座りますが、長方形のテーブルの短い辺と長い辺のどちらの中央に座るかで、リーダーのタイプを知ることができます。**短い辺に座るリーダーは、自分の意見で会議を引っ張るタイプ。ひとつの結論をすばやくまとめる場合には適任です。

一方、長い辺に座るリーダーは、参加者の意見交換を重視するタイプ。この位置は全員の反応を確認しやすいため、できるだけ多くの人に発言させたいリーダーには最適な位置取りといえます。

会議での座り位置でわかること

■座る位置関係による親密度の違い

テーブルの角を挟んで座る
相手に対して
親近感を持っている

テーブルの正面に座る
相手を親密な存在と
見ていない

■リーダーの座り位置とタイプ

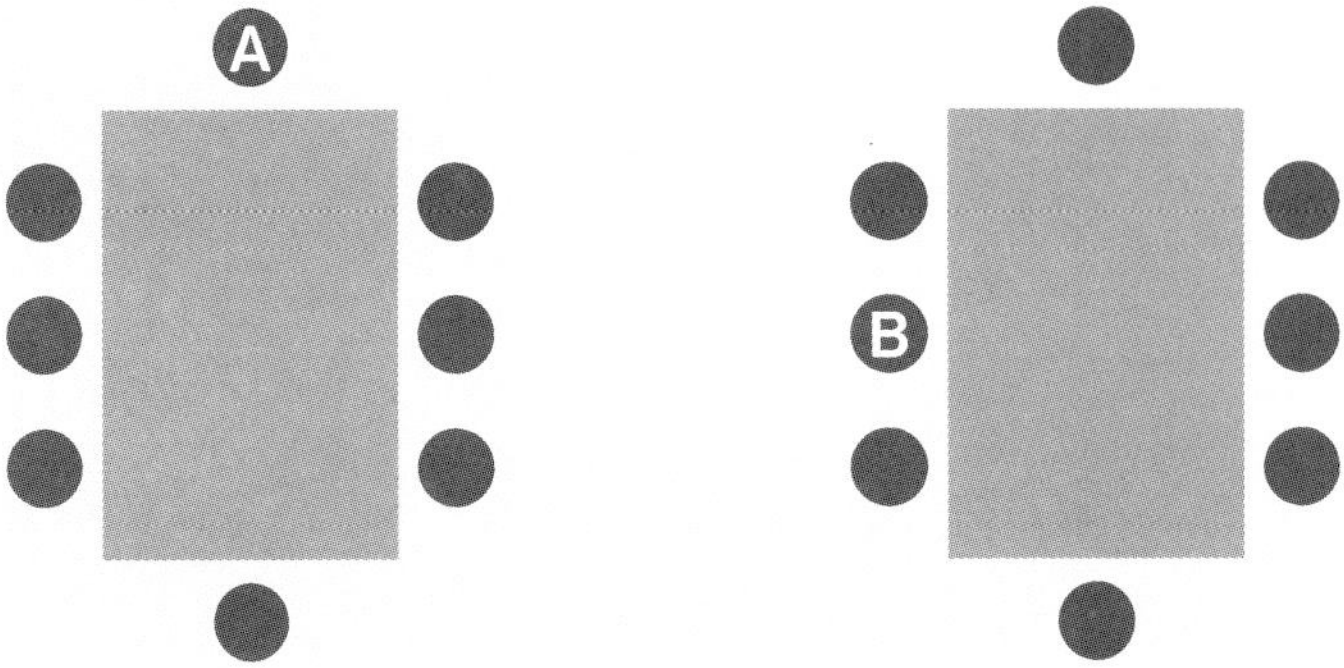

Ⓐに座るリーダー…自分の意見で会議を引っ張るタイプ
Ⓑに座るリーダー…参加者の意見交換を重視するタイプ

STAGE 17

嫌いな上司を見破るための4つのリーダータイプ

上司を研究して上手な対処法を学ぶ

「この資料、明日までにまとめておいて」。仕事が忙しいときに限ってやってくる、上司からの急なムチャぶり。ここではっきりと断れたらどんなに楽なのかと思いますが、上司の機嫌を損ねて自分の評価が下がったらと考えると、嫌でも笑顔で引き受けざるを得ません。

もちろん、それで評価が上がるなら頑張った甲斐もあるというものですが、上司からは感謝されるどころかやって当然という態度。さらに、場合によってはミスの責任を押し付けられるなんてことも……。

そんな理不尽な上司とうまく付き合うコツは、「イエス」と「ノー」のバリエーションを増やして使い分けること。対応パターンを覚えておくことで、スムーズに事が運び、相手の機嫌を損ねないまま要求を回避することができます。

また、**上司のリーダー像を研究することも、自分の評価を上げるための重要なポイントのひとつ。**そのための参考となりそうなのが、PM理論によるリーダー像の分類です。これを参考に自分の上司はどのタイプかを見極めておけば、相手の思考を読み解くヒントにでき、どのような対処をすべきかの指針となるはずです。

PM理論によるリーダータイプ

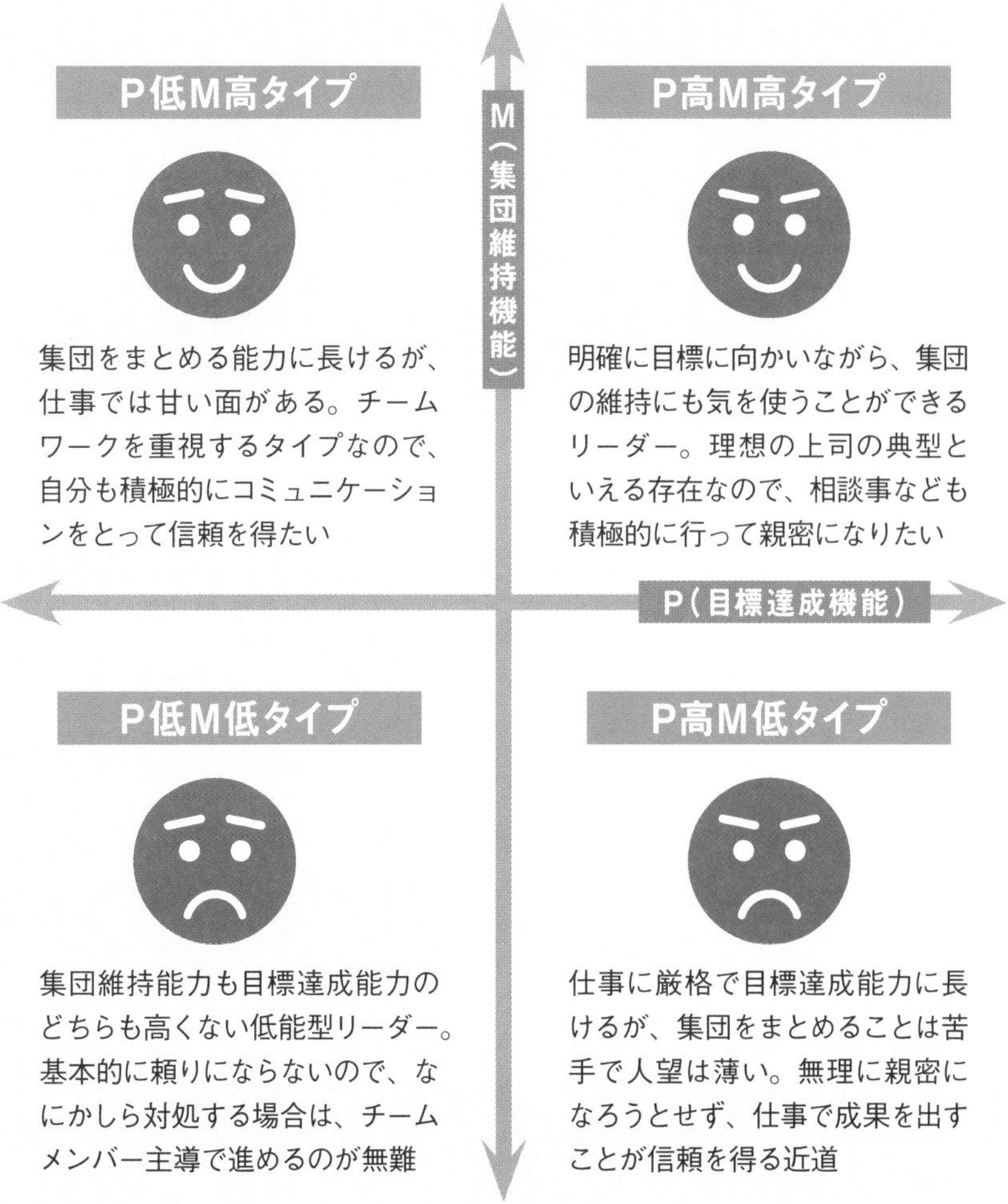
M（集団維持機能）
P（目標達成機能）
P低M高タイプ
集団をまとめる能力に長けるが、仕事では甘い面がある。チームワークを重視するタイプなので、自分も積極的にコミュニケーションをとって信頼を得たい
P高M高タイプ
明確に目標に向かいながら、集団の維持にも気を使うことができるリーダー。理想の上司の典型といえる存在なので、相談事なども積極的に行って親密になりたい
P低M低タイプ
集団維持能力も目標達成能力のどちらも高くない低能型リーダー。基本的に頼りにならないので、なにかしら対処する場合は、チームメンバー主導で進めるのが無難
P高M低タイプ
仕事に厳格で目標達成能力に長けるが、集団をまとめることは苦手で人望は薄い。無理に親密になろうとせず、仕事で成果を出すことが信頼を得る近道

P機能　Performance function（目標達成機能）＝目標達成を重視する

M機能　Maintenance function（集団維持機能）＝集団のまとまりを重視する

column 1

やる気が出ないときの対処法

「やらなきゃ」と心で念じるだけでは やる気は出ない

仕事の資料作りや家事など、「やるべきことはあるのに、どうにもやる気が出ない……」なんてことは誰しもあるもの。頭の中では「やらなきゃ」と思ってもどうにも気分が乗らず、ついついテレビやSNSを見てしまい、気づいたらなにもしないまま数時間が過ぎていた、なんてヤバい経験がある人もいるのではないでしょうか。

では、どうすればやる気が出るのでしょうか。実はやる気には脳の「側《そく》坐《ざ》核《かく》」という部位が関わっており、ここを刺激してあげることでやる気が出ることがわかっています。そのためには、どんな形であれ実際に物事に取り掛かることが大事です。たとえやる気が出なくても、とりあえず仕事の資料を開いたり、レポートに必要な参考書をめくってみるなど、なにかしらアクションを起こしましょう。それが側坐核への刺激となり、やる気が出るきっかけとなります。心の中で「やらなきゃ」と念じるだけでは、いつまで経ってもやる気は出ません。行動こそがやる気を出すためのスイッチなのです。

実際に物事を始めることでやる気が起きる

第2章

好感度アップのための心理テクニック

STAGE 1

好かれるためには まずは自分から好意を表す

「好意の返報性」を利用して相手の気持ちをつかむ

尊敬できる上司や同じ職場の気になる女性など、生活をしていくなかで「この人と仲良くなりたい」と感じることは多いでしょう。しかし、ただ思っているだけでは相手から好かれることはありません。まずは、**あなたがその人を好きだというアピールをすることが大事なのです。**上司であれば、「ご相談があるのですが」と仕事の悩みを打ち明けるのもいいでしょう。好意を持った女性なら、まず挨拶をすることでもメッセージになります。**これを続けていくと相手も自分に好意を持ってくれることが多くあります。これを心理学では「好意の返報性」と言います。**

これは人間が誰しも持っている「承認欲求」を利用した方法で、あなたが相手に何かをしてあげれば相手はそれと同程度かそれ以上のものを返したくなるというもの。あなたが相手に好意を持ったことをメッセージとして送り続ければ、相手の承認欲求が満たされてあなたにいつのまにか好意を抱く、というわけです。

好意の示し方は、意識して目を合わせる、心を開いて話しかける、プレゼントをするなど様々あります。SNSで「いいね」を押したり、メッセージを送るなどの方法も有効でしょう。

好意の返報性とは

■相手に好かれたいと思ったら、まず好意を行動で示す

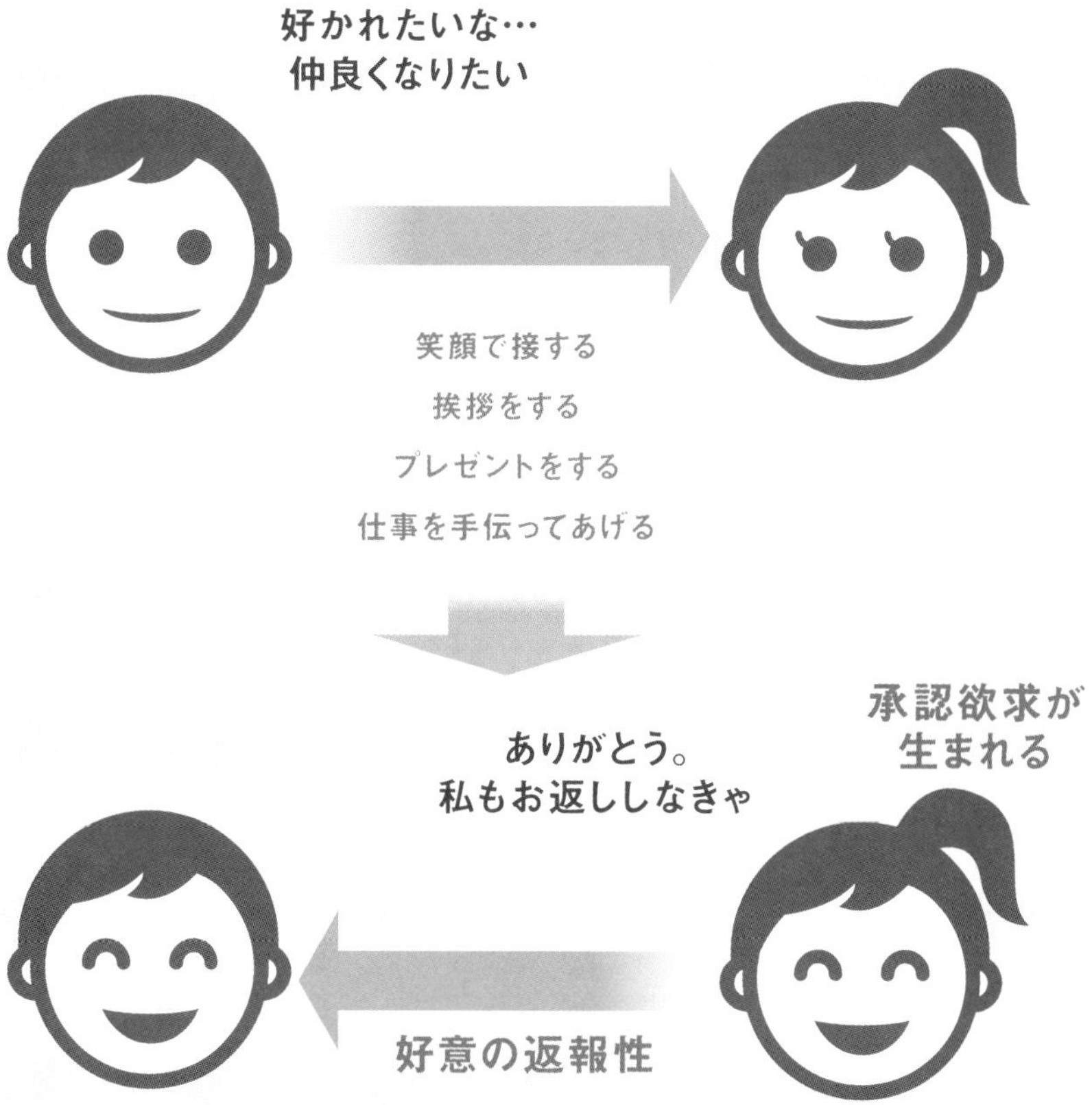
好かれたいな…
仲良くなりたい
笑顔で接する
挨拶をする
プレゼントをする
仕事を手伝ってあげる
ありがとう。
私もお返ししなきゃ
承認欲求が
生まれる
好意の返報性

相手は、自分がしてもらったことと同程度、もしくはそれ以上のものを返したくなる

■その他にこんな好意の示し方も

・頻繁にメールやメッセージを送る
・意識して目を合わせる回数を増やす

STAGE 2

ただほめるだけじゃダメ！美男美女は内面をほめる

上手なほめ方をして人間関係を円滑に

人と良好なコミュニケーションを取るのに有効な手段として、相手をほめることが挙げられます。誰しも人にほめられればうれしいものですから、親しくなりたい人のことは積極的にほめるといいでしょう。ただし、やみくもにほめるのはかえって見え透いたお世辞に感じることがあるため、**相手が喜ぶようなほめ方をするのが重要です。**

まずひとつ気をつけなければいけないのは、ほめられ慣れている点を、あらためてほめないことです。美男美女と言われている人は「きれいですね」「イケメンですね」と言われても、それほど心は動きません。**そういう人には、むしろ内面をほめることでより喜ばせることができます。**「気づかいが上手ですね」「とても頼りになります」といった言葉が有効です。

もうひとつは、**相手がコンプレックスと感じていることをプラスイメージに変換してほめること。**「細かい」であれば、「繊細で気づかいができる」、「がさつ」ならば「おおらか」、「おしゃべり」は「社交的」というように、一見短所と思われることを長所としてほめてみましょう。相手は「自分のことをよく理解してくれている」と必ず喜んでくれるはずです。

ほめ方にもテクニックがある

■容姿がすぐれた人に対しては、その内面をほめると効果的

おキレイ
ですね
いつも
言われている
ことだわ
優しい
ですね
内面を
見てくれて
うれしい！

▼コンプレックスを長所に言い換えてほめる▼

コンプレックス	長所
・口下手	・誠実
・八方美人	・社交的
・融通がきかない	・真面目
・太っている	・安心感がある
・調子がいい	・フットワークが軽い
・神経質	・注意力がある

STAGE 3

どんな上司にも気に入られるテクニック

「ホウ・レン・ソウ」を徹底して上司のお気に入りになる

　どこの会社にも、なぜか上司に可愛がられる人がいます。ミスをしてもフォローしてもらえたり、他の人以上に丁寧に指導してもらったりと、いいことずくめです。そんな部下を目指すのであれば、**まず上司を立てることを第一に考えましょう**。例えば、仕事で成果を挙げてほめられたとき、「ありがとうございます。これも部長に指導していただいたおかげです」というように、上司の手柄であることを強調します。このとき、「いえいえ私なんかまだまだです」と、**謙遜だけしてしまうのはよくありません。謙遜と謙虚は違うので、そこは認識しておきましょう。**

　また、性格的に自分と合わなかったり、尊敬できないタイプの上司であっても、反抗的な態度を取るのはご法度です。「言うことを聞きながら、自分のやりたいようにやってやる」ぐらいの意気込みでいい部下に徹しましょう。そのためには、「報告」「連絡」「相談」、のいわゆる「ホウ・レン・ソウ」を意識し、**常にコミュニケーションを取っておくことが重要です。**

　とくに相談は小まめに行うことが大事です。なにか問題が起きたときでも上司に「私は知らない」などと言われないよう気を付けておきましょう。

上司の懐《ふところ》に入って腹心の部下を目指すには

■ほめられたときには、上司を立てた回答をする

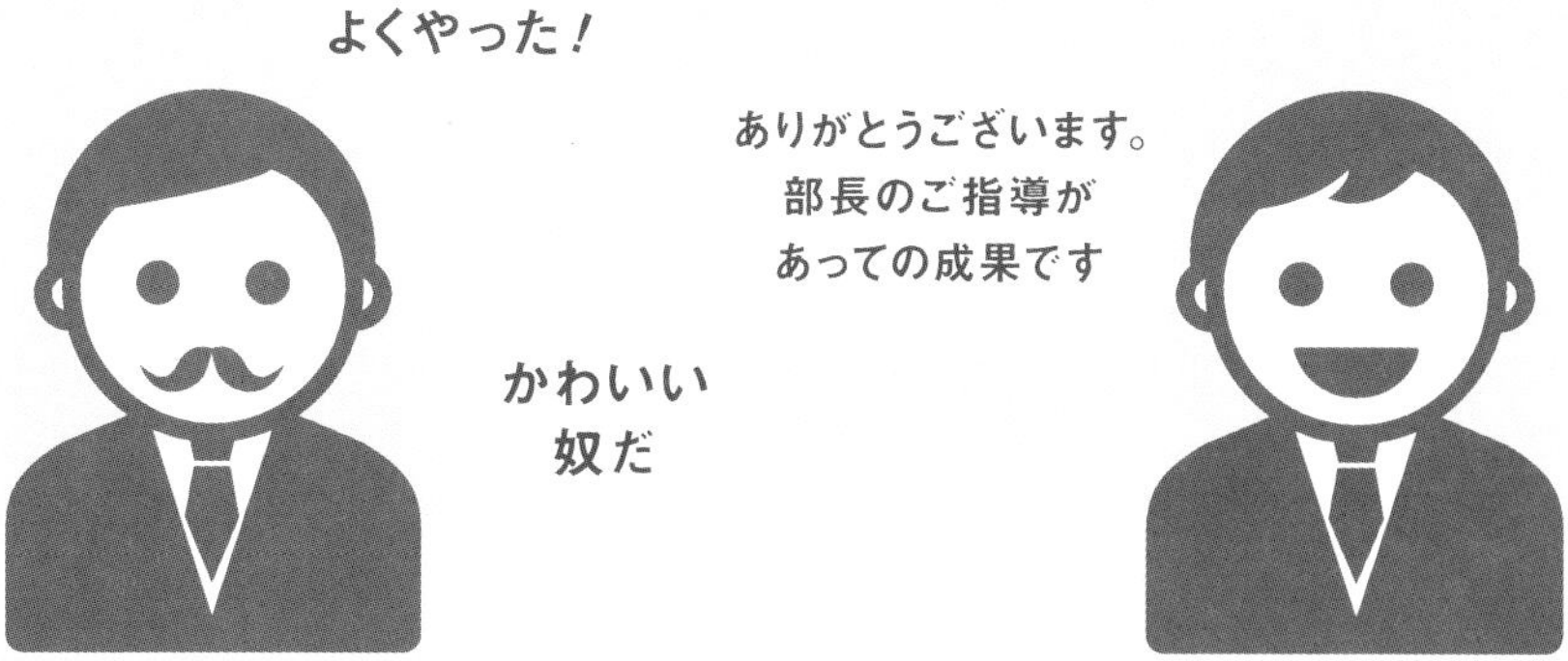
よくやった！
ありがとうございます。部長のご指導があっての成果です
かわいい奴だ

▼報告・連絡・相談（ホウ・レン・ソウ）をこまめにする▼

報告 …「あの案件は○○円で受注できました」

連絡 …「今、こういう状況になっています」

相談 …「こんな問題があるのですが、どうしたらいいでしょう?」

▼なかでも「相談」に注力する▼

- 「ご意見を聞かせていただけますか」
- 「どのように対処したらいいでしょう」
- 「この進め方でよろしいでしょうか」

相談せずに失敗した場合

私は何も聞いてない！
君が勝手にやったことだ！

STAGE 4

相手の自尊心をくすぐる キラーワードを使え！

具体的な言葉で「ナンバーワン」だと伝える

人は誰でも「自分は特別な存在でありたい」「他人に認めてもらいたい」といった、承認欲求を持っています。そのため、**「あなたは特別な人です」と言われると、自尊心が満たされて幸せな気持ちになるのです。**

ビジネスでの付き合いや気になる異性へのアプローチでは、その自尊心をくすぐるのが成功への近道です。そして、そんなときに有効なキラーワードが「ナンバーワン」なのです。

もちろん、オンリーワンであることもうれしい要素です。しかし、やはり集団でトップに立つようなナンバーワンの威力にはかないません。

この言葉を使うときのポイントは、できるだけ具体的に述べることです。「営業の実力で言ったらナンバーワンだな」「君の作った料理が一番に美味しいよ」というように、**どんなことでナンバーワンなのかを明確にします。**そして、「うちの会社で」や、「今まで食べてきた料理で」といった、比較する範囲もしっかり言いましょう。そのときに相手との距離を縮めたり、視線を活用して目を合わせるなどすれば完璧です。あなたの発した言葉は強く相手の心にとどまり、今後の円滑な関係を築けるはずです。

相手の心に残る言葉を印象に残る方法で

■「ナンバーワン」は魔法の言葉

君はナンバーワン
だよ！

うれしい！私は一番の
存在なんだわ

▼効果的に使うには▼

・「そのセンスが」や「気遣いが」
　など、具体的な内容を伝える
・「今まで会った人の中で」や、
　「うちの会社で」など、
　比較対象を添えるとなお良い

▼うれしく感じる理由▼

・自分が特別な存在だと感じ、
　承認欲求が満たされる
・自分の能力が認められ、
　誇らしく感じる

■より効果的に使うには

身体的な距離を縮めて話す

「ナンバーワン」と伝えるときに
距離を縮めると、より強い印象を残す

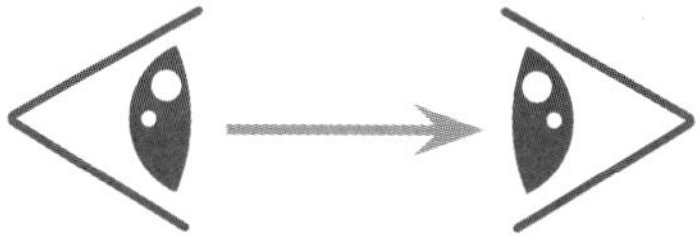

相手の目を見て話す

目を合わせて伝えると、
より相手の心に入り込める

STAGE 5

クレームを速やかに解決するには

落ち着いたトーンで謝罪をして相手の怒りを鎮める

仕事のなかでもとくに難しいとされていることのひとつに、クレームの対応が挙げられます。もちろん、無いに越したことはないのですが、逆にうまく解決することができれば社内での評価も必然的に上がってくることでしょう。

もし顧客からクレームを受けたら、真っ先に上司に報告しましょう。悪い報告はついつい後回しにしがちですが、そういうことほど迅速に伝え、対応に当たらなければなりません。また、謝罪の場に上司が同行していれば、顧客も「それだけ重要なことと捉えてくれている」と考えるはずです。

先方に出向いたら、まず丁重に謝罪の言葉を述べ、相手の気持ちが落ち着くまで状況を聞きます。途中で言い訳はせずに相づちを打ちながら耳を傾けましょう。そして、こちらの事情を説明するときには深刻な面持ちで話します。このとき、低く落ち着いたトーンで話すのも大切です。人間は話しているとき無意識に相手のトーンに合わせようとする心理作用があります。こちらが静かなトーンで話せば、相手の怒りも早く収まってくるでしょう。

とにかく、クレームは事態を長引かせないことが重要です。きちんと対応して次の仕事へと活かしていきましょう。

謝罪のしかたにはポイントがある

▼クレームがあったら▼

・事態を長引かせないこと
・できるだけ早い段階で
謝罪に行く
・丁寧、慎重に対応にあたる

▼先方との対応では▼

・まずはしっかり謝罪する
・相手のクレームに耳を傾ける
（途中で言い訳をしない）
・適度に相づちを打つ

▼こちらが説明するときには▼

・低く、落ち着いたトーンで話す
（相手も無意識にトーンを
合わせてくる）
・深刻な面持ちや話し方をする

▼社内に対しては▼

・上司にはより早く
クレームの情報を伝える
・謝罪の場に上司も
同行してもらう

STAGE 6

交渉を成功させるテクニック

注文を取るためには とにかく回数を重ねること

たくさんの注文を取り、営業の成果を挙げたいのならば顧客との信頼関係を築くことが重要です。そのために**オススメしたいのが、顧客と会う回数を増やすことです。**

人間には数多く顔を合わせていると、親密さが増していくという心理があります。これを**「熟知性の原則」**と言います。ここで重要なのは、会っている時間よりも回数を重視するということです。例えば、月に1回会って1時間話をしていく営業マンよりも、週に1回訪問して15分ずつ話をしていく営業マンのほうが、親密さは増していくのです。

もちろん、先方の迷惑にならない程度にというのが前提ですが、どうしても注文を取りたいという顧客があるなら、できるだけ頻繁に会いに行くようにするといいでしょう。そのときに、新製品の情報や相手が必要としている資料を持っていくなどすれば喜ばれること間違いなしです。

また、人間は同じことを何度も耳にすると、それに思い入れを持つようになるという心理もあります。これを利用して、**訪問するたびに自社の製品のメリットなどをそれとなくアピールするのも有効な手段です。**

熟知性の原則

■会う回数が多いほど有利になる

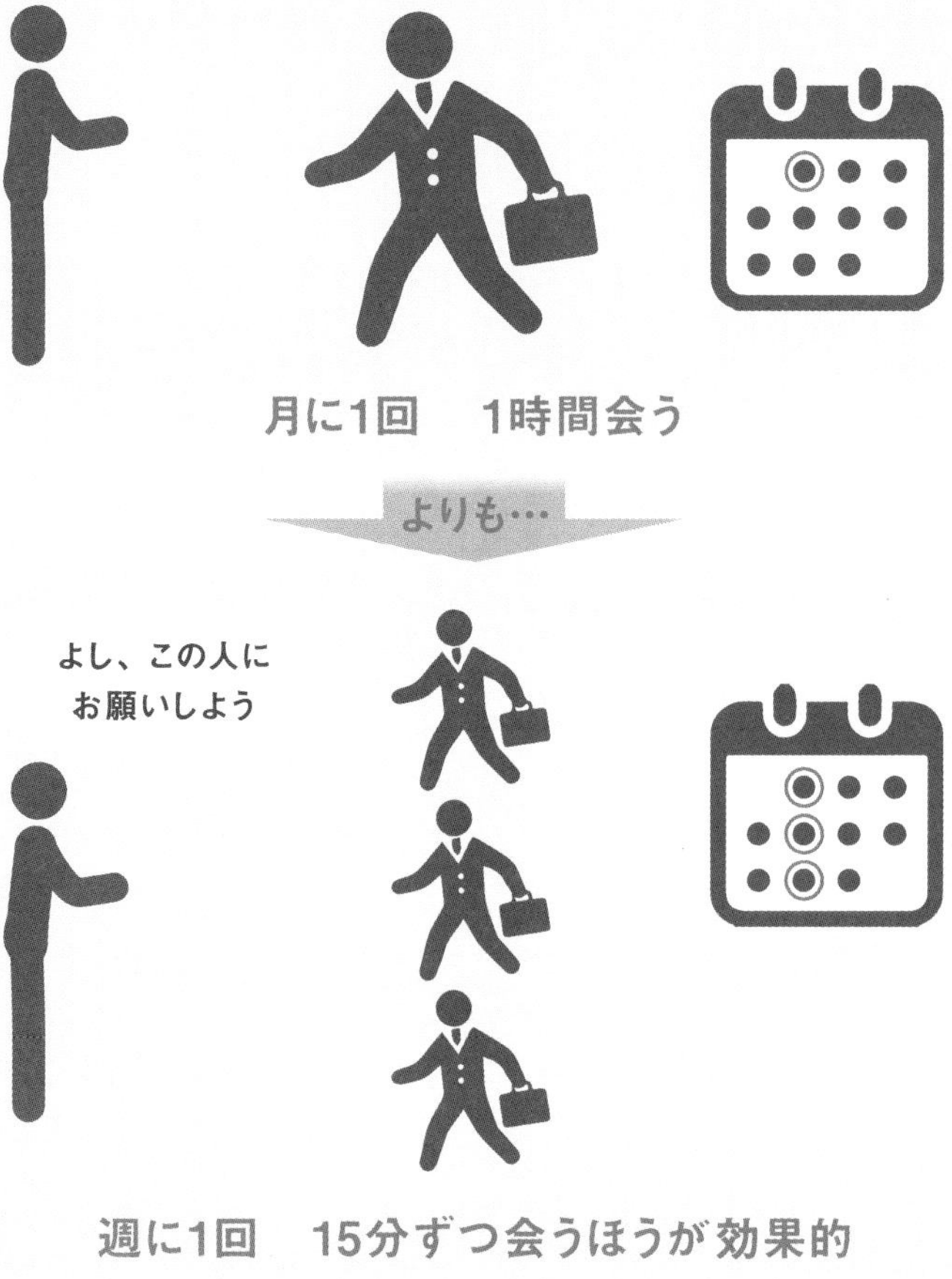
月に1回　1時間会う
よりも…
よし、この人に
お願いしよう
週に1回　15分ずつ会うほうが効果的

・頻繁に顔を合わせると、親密さが増していく

・新たな情報や先方に必要な資料などを持っていけばさらに有利に

STAGE 7

長いものに上手に巻かれる方法

無理な要求をうまく回避して自分がコントロールする

会社で働いている以上、基本的に上司は選ぶことができません。相性が良い尊敬できる上司に当たればいいですが、なかには気難しくて扱いにくい上司もいるものです。しかし、そんな上司の元に配属になったからといって「自分は運が悪い」とひねくれてしまってはせっかくのチャンスを逃すようなもの。ここは上司にうまく取り入って仕事のやりやすい環境を整えましょう。

そのためには、**上司の自尊心を満たしてあげることが大切です**。無理な指示をされたときも、「わかりました」といったん了解。しばらくしてから、それがうまくいっていないことを報告しつつ、冷静に説明してみましょう。その上で、上司を納得させて難題を回避できれば、あなた自身も被害にあうことはありません。

また、上司がなにかミスをしたときにもそれを指摘するのではなく、同僚などとも協力してフォローすれば上司の面目をつぶしてしまうこともなくなります。

とにかく、上司に対しては「管理されている」という意識ではなく「自分がコントロールしている」ぐらいの気持ちで、うまく懐に入るのが賢いやり方なのです。

上司とうまく付き合うためのポイント

■無茶な要求はうまく阻止する

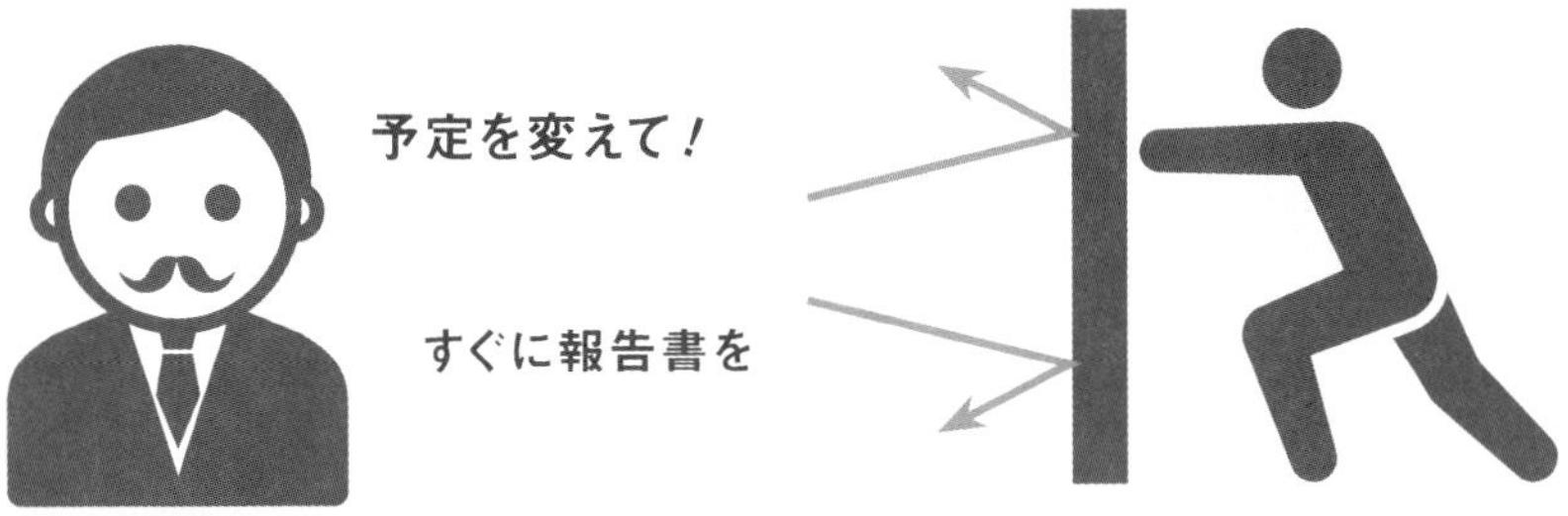
予定を変えて！
すぐに報告書を

うまく阻止するには

・日頃からコミュニケーションを取り、信頼関係を築いておく
・いったん了解し、無理な理由を説明して納得させる

■上司をうまくコントロールする

俺の言うことを
よく聞いているな
実はコントロールしている

・可能な限りは上司の指示に従う
・上司のミスをさりげなくフォローする
・同僚との協力も必要

STAGE 8

話し合いをスムーズにするための環境

会議室の大きさやテーブルの形にもひと工夫

仕事を進めていくうえで欠かせないのが会議や打ち合わせ。ただし、時間ばかりかかってなかなか結論が出ないなど無駄な会議も少なからずあるものです。

それらの原因は、参加する人の意識の差によるもの。もちろん、個人個人の資質や能力もありますが、**その会議に集中できるかどうかは環境である程度変えることができます。**

まず最初に気をつけたいのは、あまり広すぎる部屋で会議を行わないことです。人数に応じた広さというのはありますが、**どちらかというと少し狭いぐらいの部屋のほうが全員に緊張感が伝わり話し合いに集中できます。**また、それぞれの声も伝わりやすいうえに、ぼんやりしていれば他の参加者にわかってしまうため、自ずと積極的に参加せざるを得なくなります。

もうひとつは、打ち合わせの場にあるテーブルです。一般的には四角いものが多いと思いますが、これは席の序列が決まってしまい活発な意見が出にくくなります。そのため、**できれば円形のテーブルを囲むのが望ましいのです。**これであれば、参加者が対等な立場で参加できるため自由な発言が出てきやすくなります。

集中した会議を行うための環境

■広い部屋よりも狭い部屋

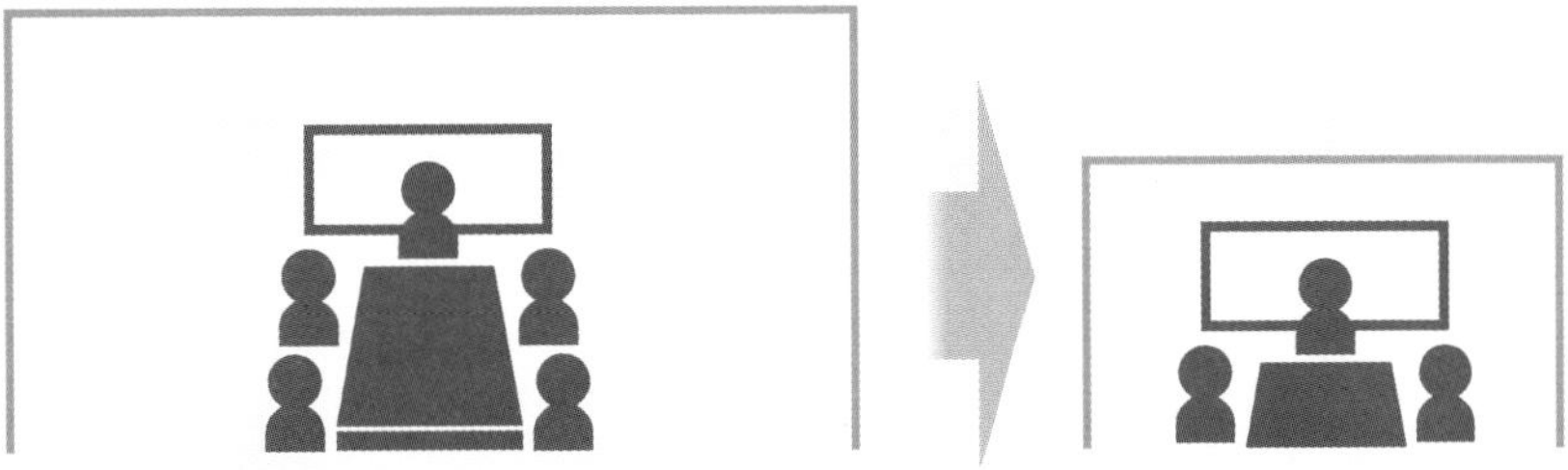

狭い部屋でやることのメリット

・会議の緊張感が全員に伝わりやすい
・集中していない人がいればすぐにわかる

■四角い机よりも丸い机

丸い机を使うメリット

・席順に序列がなく、対等に話す雰囲気が作れる
・向かいの人同士の距離が離れすぎることがない

STAGE 9

声のアピール力は侮れない

適切な話し方を身につけて話し上手になる

男女問わず、話の上手な人というのはいるものです。話題が豊富で頭の回転も速い、さらに話術にも長《た》けているとなればそんな人に憧れるのも当然のことでしょう。

しかし、それだけの知識を蓄えたり、話術を磨くにはそれなりの時間がかかります。それならば、まず自分の話す「声」を見直してみてはどうでしょうか。

一説によると、聞き手が話し手から受け取る情報で言葉そのものの意味である「内容」は7％に過ぎず、残りは表情や身振りなどの「身体」が55％、声の大きさやスピードといった「声」が38％となっています。

声に集中させるために最も大切なのが、「間」です。大事な言葉を発する前に絶妙な間をとれば相手は自然と次の言葉に集中します。

また、話す速度やリズムも大切です。相手の理解に合わせて、適切な速度で話しましょう。決して早口になってはいけません。逆に淡々とゆっくり話すのもダメ。**相手を飽きさせないような抑揚が必要です。**話すときの声については少し意識するだけで、大きく効果が上がります。誰かと話すときにぜひ試してみてください。

上手な会話をするためのテクニック

「間」を上手に使う

・大事なことを話す前に
間を空けて意識させる

・間によって、
相手が話に集中する

話す速度やリズム

・相手の理解に合わせて、
適切な速さで話す

・リズムをとるイメージで、
テンポよく話す

淡々と話すのはNG

・抑揚なく、淡々と話すと、
どこが重要な点か伝わらない

・相手が聞いていて
飽きてしまう

早口にも注意

・話したいことをまくしたてて、
早口になってしまうのもNG

・意識してゆっくり話すように
する

■コミュニケーションの3要素

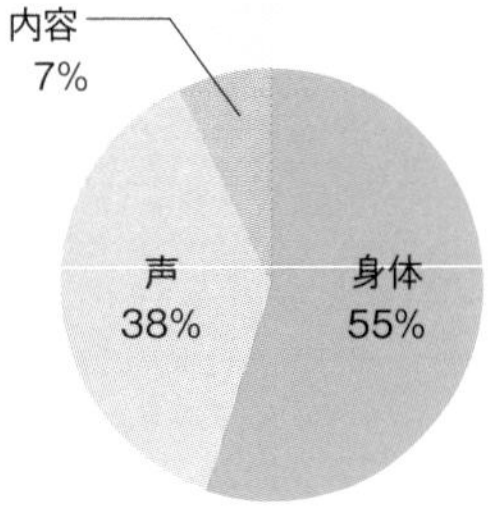

目の前の相手から、聞き手に伝達される要素

・表情、身振りなどの「身体」が一番大きく、
次いで大きさやスピードなどの「声」

・「内容」はわずか7%にすぎない

STAGE 10

話を聞くときのポイントは うなずきとオウム返し！

タイミングをうまく使って「聞いてますよ」アピール

昔から、「話し上手は聞き上手」と言われます。人とのコミュニケーションを円滑にするためには、話すスキルに加えて、上手に聞くスキルも身につけておきたいものです。

いくら相手の話が退屈でも、上の空で対応するのはNG。お互いの関係が悪くなりかねません。「話をしっかり聞いていますよ」とアピールするにはうなずきを入れるといいでしょう。

上手なうなずきの入れ方は、タイミングを考えること。相手の話の継ぎ目や重要なことを言ったのを見計らって、「うん、うん」とうなずきましょう。相手は自分の話をしっかり聞いてくれていると感じ満足するはずです。

もうひとつ重要なポイントは、**相手の言った言葉をオウム返しすること。**もちろん、どんな言葉でもいいというわけではありません。相手の話のなかでキーになるフレーズや多く出てくる言葉などを素早く感じ取り、こちらもうなずきと同じように、タイミングを図って繰り返します。このとき、自分の意見を入れる必要はありません。あくまでも、**「あなたの話をちゃんと聞き、重要なポイントは理解していますよ」と、相手に伝わればいいのです。**

聞き上手になるには

■絶妙なタイミングで「うなずき」を入れる

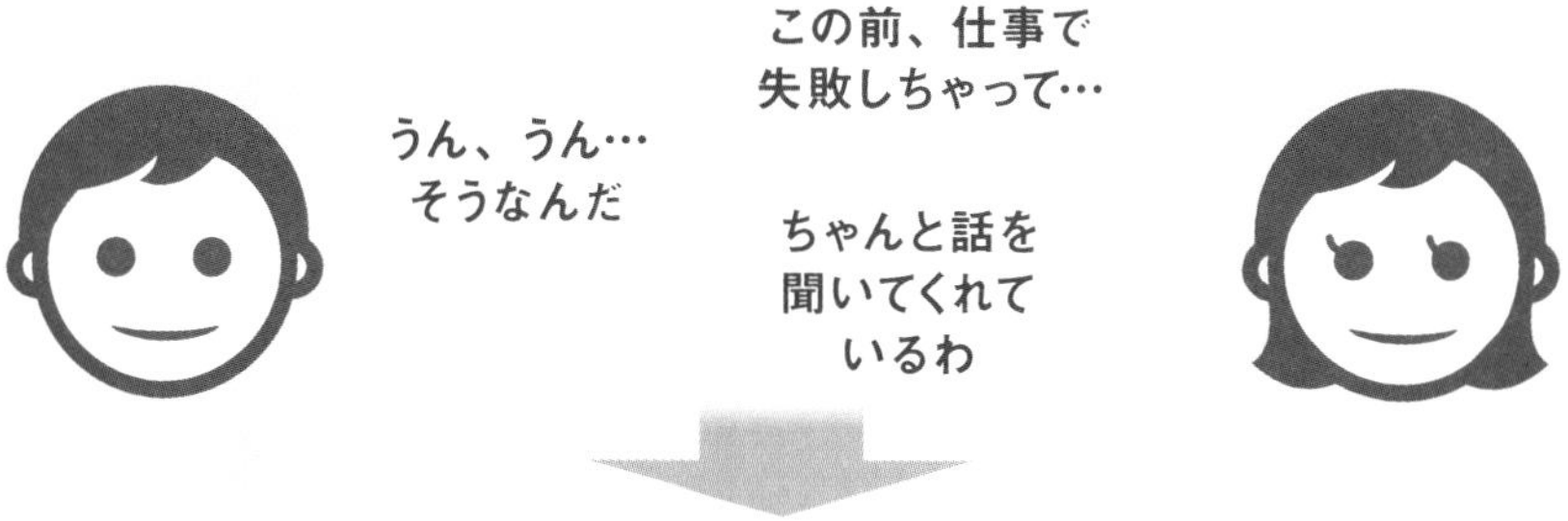
この前、仕事で
失敗しちゃって…
うん、うん…
そうなんだ
ちゃんと話を
聞いてくれて
いるわ

上手なうなずきの入れ方

・相手の話をちゃんと聞き、理解した上でうなずく
・話の継ぎ目など、タイミングを考えてうなずく

■相手の言葉を繰り返す「リピート法」を活用する

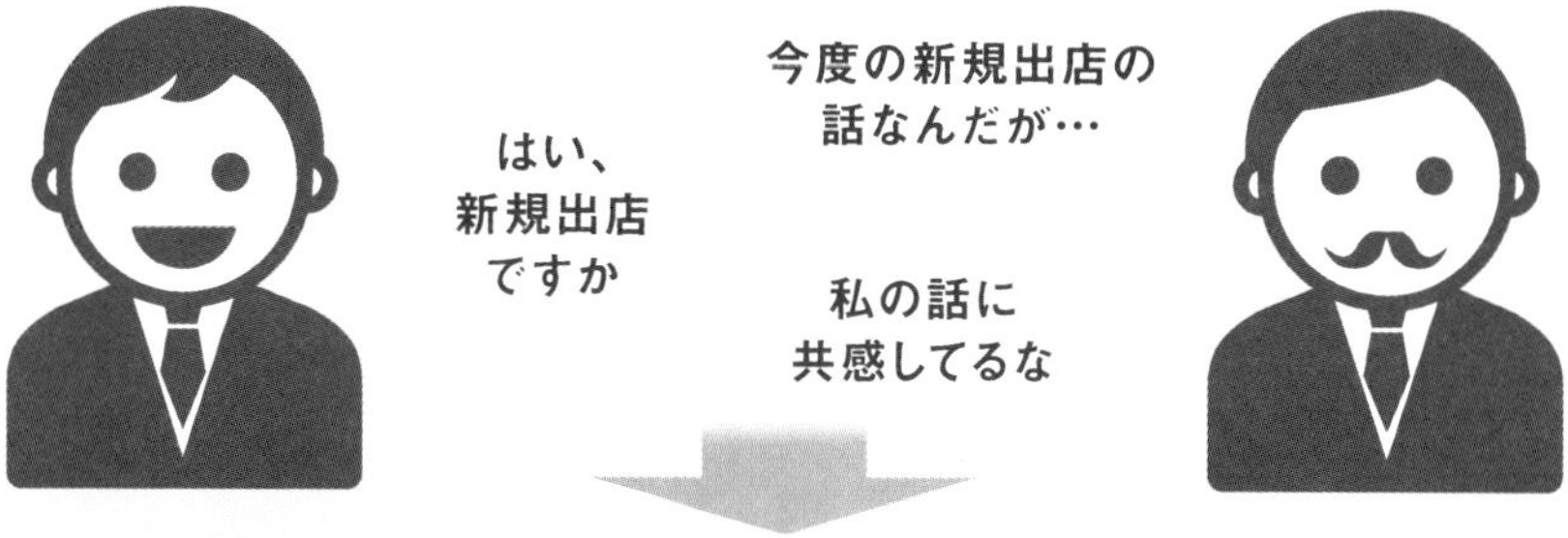
今度の新規出店の
話なんだが…
はい、
新規出店
ですか
私の話に
共感してるな

リピート法のやり方

・相手の発言のポイントとなる部分を繰り返す
・相手が何度も使う言葉は、欠かさずリピートする
・自分の意見は入れる必要はない

STAGE 11

自分のアピール力をアップする

「近接性」と「単純接触効果」で対人魅力をアップ

人と人とが出会って交流を始めると、親密の度合いが深まっていきます。しかし、**相手との距離がどの程度縮まるかは、人によって変わってきます。これは、人が他人からどう思われているかという「対人魅力」の差によるものです。**

対人魅力は、見た目の好みや同じような経験をしているかどうかといったことで増していきます。ただ、これらは自分でどうにかするのは難しいでしょう。一方、自分で工夫ができるのは**「近接性」**と**「単純接触効果」**です。

近接性とは、人が物理的に近い距離にいる人に親しみを持つ心理効果です。例えば、近くに住んでいたり、職場で隣の席であったりすれば親しくなる確率は高くなります。**どうしても仲良くなりたい人がいたならば、同じ街に住んでみたり、席を近くにしてもらうなどすれば親しくなる確率は上がります。**

単純接触効果は、目にする機会が増えると対人魅力が増していくことです。誰かと親しくなりたいと思ったら、**毎朝会うようにして挨拶を欠かさないようにするのが効果的です。**ビジネスの面でも、顧客に多く訪問すればそれだけ相手と親しくなる可能性が高くなるのです。

近接性と単純接触効果をうまく活用する

■近接性とは、物理的に身近にいる人に親しみを持つ心理

近接性の例

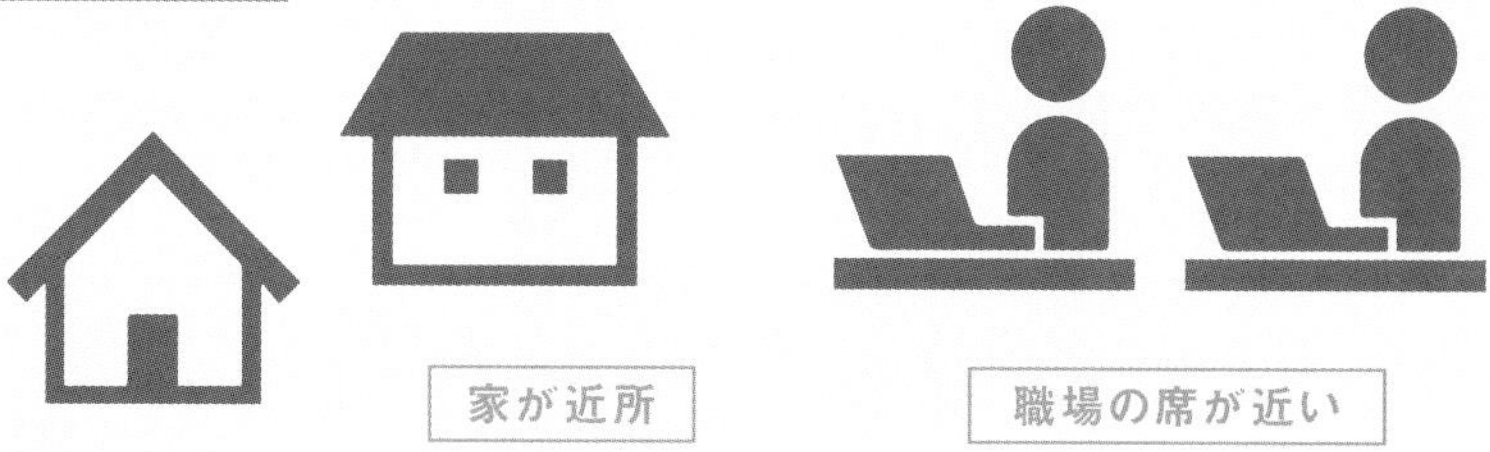
家が近所
職場の席が近い

※他には出身地や出身校が同じなど

・親しくなりたい人がいれば物理的に近づくのが効果的
・近くの席にしてもらったり、同じ地区に引っ越すなどの方法もある

■単純接触効果は、目にする機会が多いほど対人魅力が増すこと

朝
おはよう
夜
こんばんは
あら、
あの人朝も

・毎日顔を合わせて挨拶をする（目を合わせるとなお良い）
・顧客であれば頻繁に訪問するなどが効果的

STAGE 12

人は第一印象で6割が決まる!

初対面の印象が その後の関係性を支配する

前項で説明した単純接触効果（64ページ）を利用して頻繁に顔を合わせても、なかなか親しくなれないこともあります。その原因は最初に出会ったときの印象にあることが多いのです。

これは「初頭効果」と呼ばれ、その人と会った最初の10秒で印象が決まってしまうというもの。一般的には相手のイメージの6割はそこで決まるとされています。そして、そこで作られたイメージはその後の関係においても相手のなかに残り続けるのです。

男女の間であれば、その人と友だちのままか恋人に発展するかは、出会いの瞬間にかかっていると言えます。難しいかもしれませんが、出会った女性と恋愛関係になりたいと感じたら最初から少し積極的にアプローチしてみましょう。

最初から相手に好感を持たれるために最も有効な方法は、**自分が好意を持っているのを伝えることです。**これは、好意の返報性（44ページ）を利用したもの。とにかく続けて好意をアピールするといいでしょう。次は相手をほめること。瞬時にいい点を見つけ、そこをほめてみましょう。その後は、相手の話をじっくり聞くようにしていけば好感をきっと持ってもらえるようになるはずです。

最初の10秒が大きな印象になる

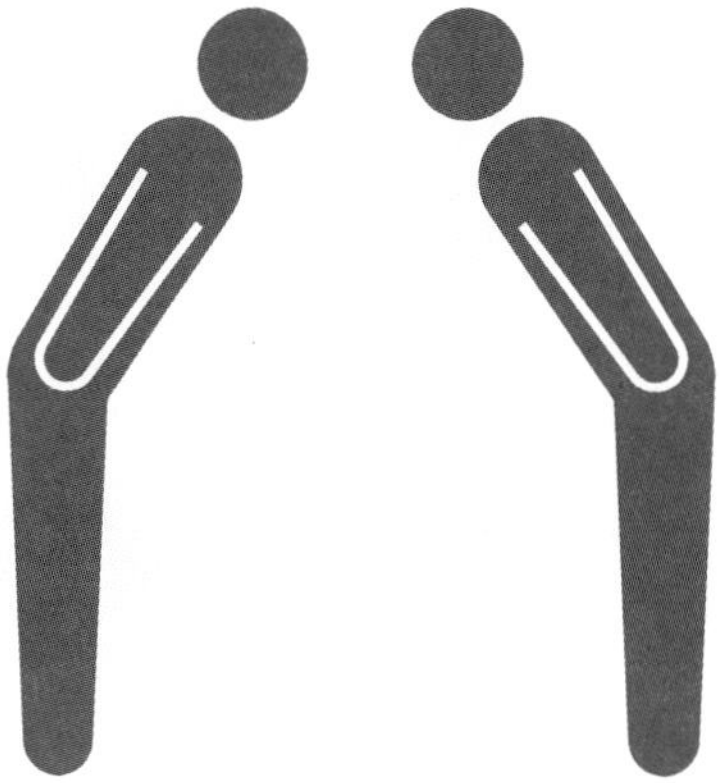

出会って最初の10秒で作られたイメージは、そのまま相手の頭の中に残ることが多い

■出会った女性と恋愛関係になりたければ

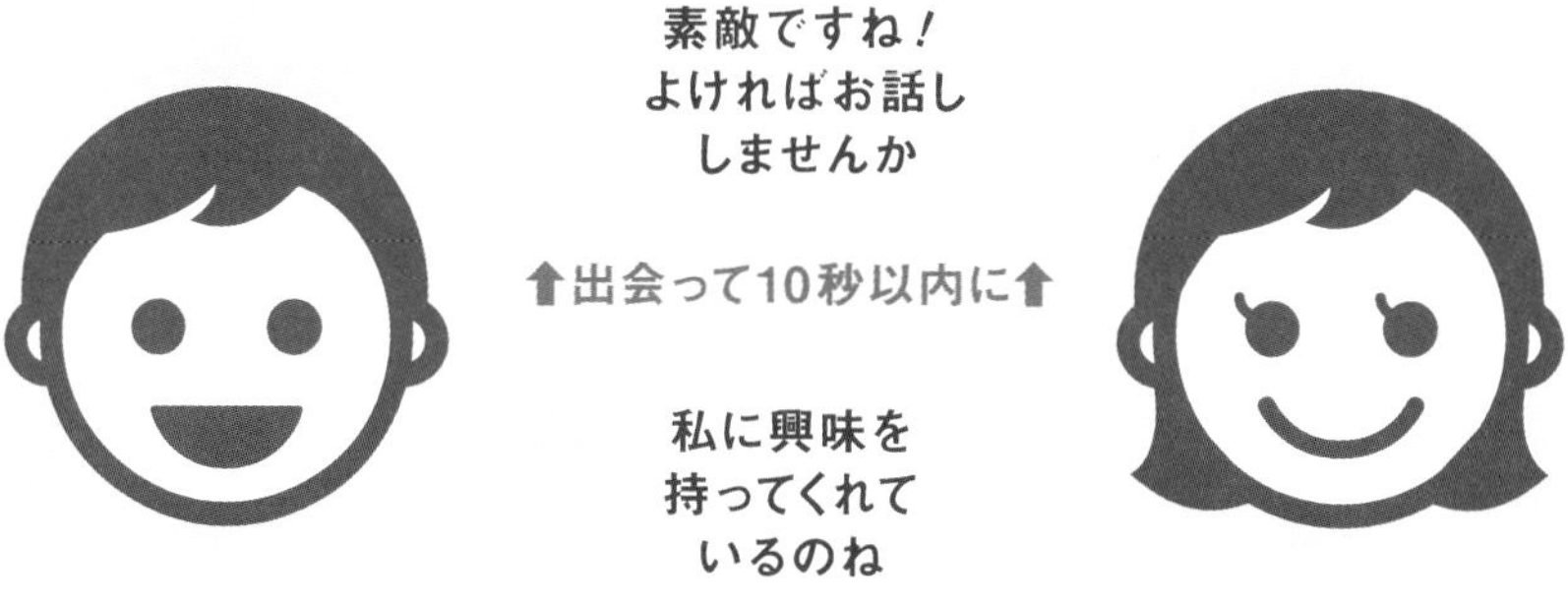
素敵ですね！
よければお話し
しませんか
⬆出会って10秒以内に⬆
私に興味を
持ってくれて
いるのね

・恋愛感情があることを伝える
・相手のことをほめ、あいづちを打ちながら話を聞く

STAGE 13

自分のイメージをアップさせるテクニック①

3つの要素を意識して自分のイメージを上げていく

人は誰しも、他の人と接するときに相手のイメージを頭の中に作り上げます。そのイメージによって人との関係が決まってくるのです。

人の中のイメージ作りには、「外見的要素」「性格的要素」「社会的要素」の3つが重要です。

外見的要素は容姿や服装、清潔感などによるもの。「自分はイケメンでもないしな」などと思わず、相手に好感を持ってもらえるような身だしなみを心がけましょう。

性格的要素は言葉づかいや態度に表れます。自分のクセや動作を客観的に見つめて悪い点があれば治すようにしましょう。

社会的要素は、肩書や地位による評価です。これはすぐに手に入れられるものではありませんが、「スポーツの大会で、県代表になった」「会社では20人の部下を管理している」といった経験があれば積極的にアピールしましょう。

さらに、**相手の中のイメージを良くするのに有効なのが、「スリーパー効果」です。これは、しばらく間を空けて同じことを繰り返すと信頼度が増していくというもの。**一度振られたぐらいであきらめずに間を空けてアタックしてみてください。いい結果になることがあるかもしれません。

相手の中に自分のイメージを作る

■相手は3つの要素であなたを見る

外見的要素
・見た目が好みかどうか
・服装はちゃんとしているか…など
性格的要素
・言葉遣いは
きれいか
・表情は不快では
ないか…など
社会的要素
・どんな仕事を
しているか
・どんな環境で
育ったか…など

■スリーパー効果を活用する

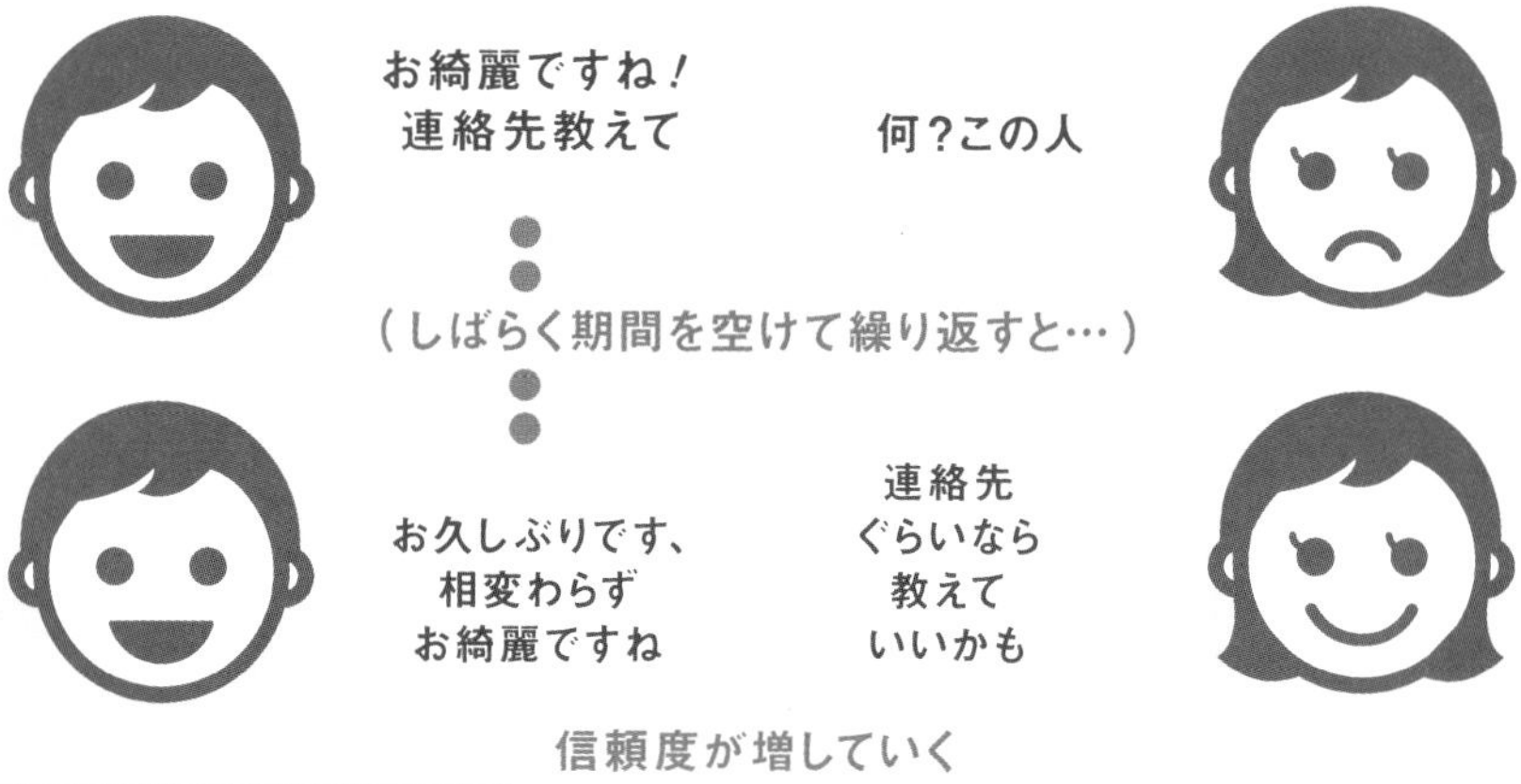
お綺麗ですね！
連絡先教えて
何？この人
（しばらく期間を空けて繰り返すと…）
お久しぶりです、
相変わらず
お綺麗ですね
連絡先
ぐらいなら
教えて
いいかも
信頼度が増していく

スリーパー効果によって

・最初は信頼されていなくても、時間の経過とともに
「信頼度の低い人」という記憶は薄れ、ほめてくれた認識のみが残る

STAGE 14

自分のイメージをアップさせるテクニック②

「色彩効果」と「ギャップ効果」をうまく使いこなす

一般的に警察官は黒をベースにした制服を着ています。これは威厳や強さを意識させ、犯罪の抑止につなげるためです。このように**色の持つイメージを「色彩効果」と言います。これは、通常の人間関係においても役立ちます。**

例えば、相手にかわいいイメージを持ってもらいたければ、ピンクの服やアクセサリーをつけたり、爽やかなイメージを持ってもらいたければ、白や青といった服を着ていくといいでしょう。また、赤色を身につけると女性が一番魅力的に見えるとも言われます。一般的に暖色系は気分を落ち着かせることができ、寒色系は冷静かつ新鮮なイメージを持たれます。色彩を利用して、自分のイメージ作りに役立ててください。

そして、もうひとつ重要なのが「ギャップ効果」です。**これは文字どおり普段のイメージと異なったことをして、印象づける方法。**普段クールにしている人なら、仕事の場面で熱くなっている姿を見せると、普段から熱い人よりもそのイメージが際立って見えるのです。自分を強く印象づけたい相手がいれば、その人の前で違った一面を見せてみましょう。そのギャップに驚きながら、あなたを強く意識してくれるはずです。

好印象を演出するテクニック

■色彩効果

警察官…黒系の色

・威厳や強さをイメージさせる
・犯罪者を警戒させ、抑止力を持つ

看護師…白系の色

・清潔さや軽快さを感じさせる
・患者に安心感を与える

・着る服や身につけるものの色によって、イメージを作ることができる
・暖色系(赤・黄)は、気分を落ち着かせ、時間を長く感じさせる
・寒色系(青・緑)は、冷静かつ新鮮なイメージを与える

■ギャップ効果

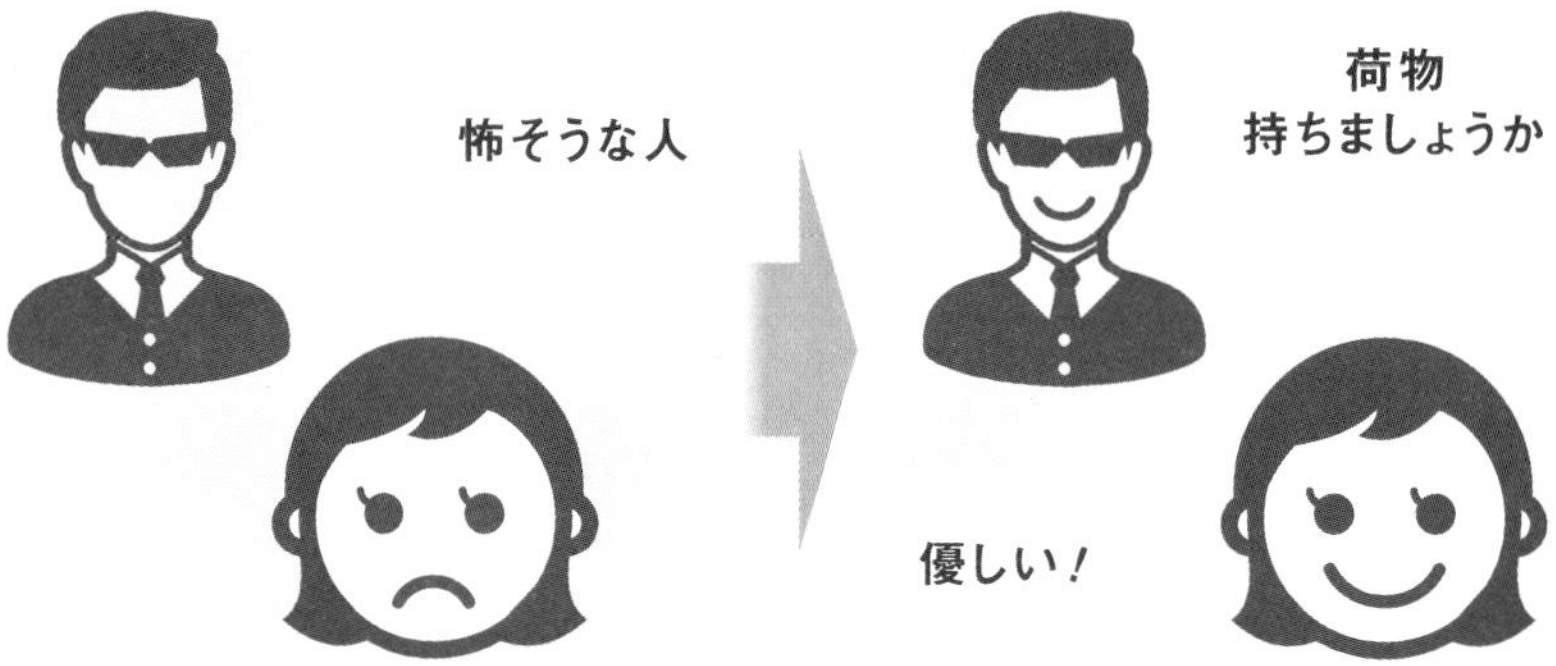

・怖そうに見える人が優しくしてくれたときや、冷たそうな人が誰かを助けていたときなど、そのギャップがあるとより強いイメージを与えることができる

STAGE 15

あえて弱点をさらけ出す

弱点をオープンにして人との関係を深める

誰にでも弱点というものはあるものです。そして、そのことを恥ずかしいと思っている人もいるでしょう。そう思う心理は普通のことですが、**ある程度の弱点は、オープンにしたほうが人間関係が深まります。**

誰かの弱点を聞いたとき、その点を突いて責め立てようと思うでしょうか。実は、人は誰かの弱点を知ると「そこを責めるのは卑怯だ」という感情が働き、むしろその点を回避するような行動を取るのです。「スポーツが苦手なんだ」という人を草野球に誘ったりはしないし、「口下手なんで、あまり面白い話ができない」という人にスピーチをさせることもないでしょう。弱点は、早めに知らせたほうが何かと有利にことが運ぶのです。

この弱点を知らせるという行動は、**相手に、「自分の弱みを私には話してくれた」という気持ちを起こさせ、そのプライドを満足させることもできます。**

人間関係がうまくいかないという人は、まず自分の弱点がどこにあるのかを見極め、それを恥ずかしがらずに周囲にカミングアウトしてみましょう。きっと仕事も恋愛も今まで以上にうまくいくはずです。

弱点はマイナス効果ばかりではない

■弱点は最初に言ってしまおう

うっかりミスが
多いんだよね
スポーツが
苦手で
優柔不断で
決められないんだ
口下手で
面白い話ができない

- 今後長く付き合っていくなかで、弱点を知っていれば、その点を回避するような対応をしてもらえる
- 相手に、「弱いところを責めるのは卑怯だ」という思いを持たせ、フォローをしてもらうことができる

■相手のプライドを満足させる効果も

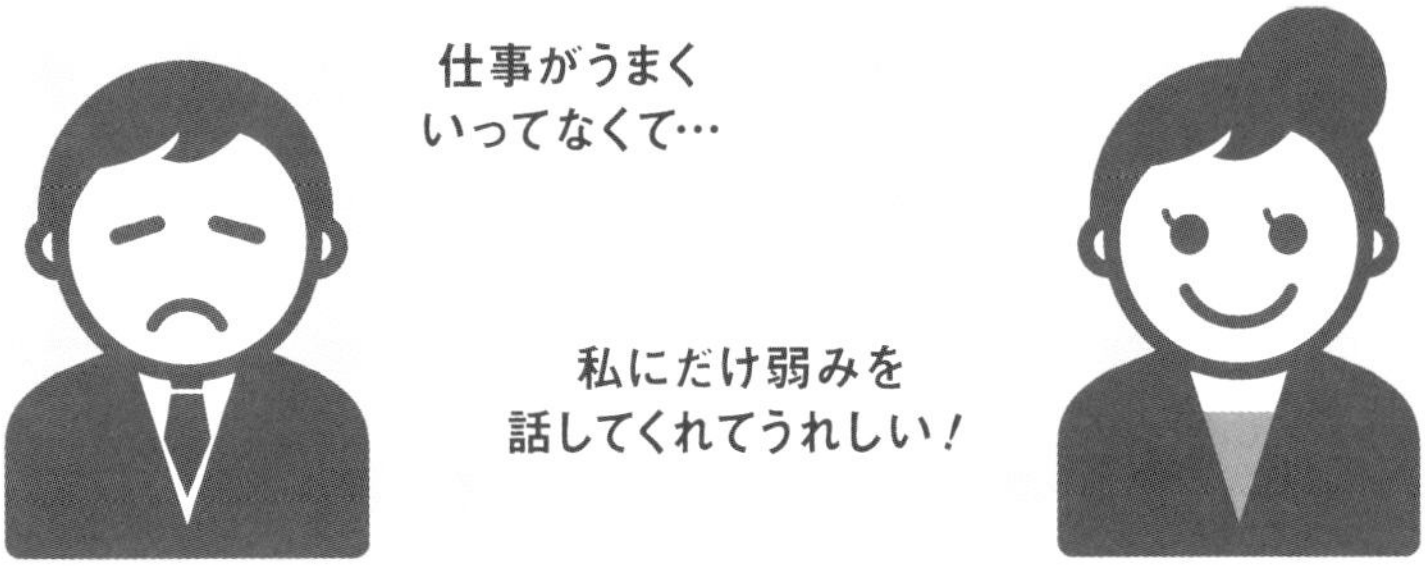
仕事がうまく
いってなくて…
私にだけ弱みを
話してくれてうれしい！

- 「ダメな自分」をさらけ出すのは、話のネタにもなる
- 「弱みを自分にだけ話してくれた」「私を頼りにしているんだわ」という気持ちから、相手のプライドを満足させることができる

STAGE 16

陰口ではなく〝陰ほめ口〟を積極的に使う

直接のほめ言葉よりも効果的な陰のほめ言葉

最近では商品を購入したり、お店を選んだりするときに欠かせないものとなっているのがネット上の「口コミ」です。ここでの高評価は普通にお店の人がアピールするよりも強い信頼性があります。これは口コミを書いている人がお店と利害関係が無いという前提があるからです。

実は人間関係でも、この口コミのような効果を上げることができます。それが「陰ほめ口」です。人は誰かに直接ほめられるよりも、第三者を介して、「あの人がほめていたよ」というようなことを聞いたほうがより心に響くものなのです。これを「ウィンザー効果」といいます。

どうしても、直接ほめられると「お世辞で言っているのかも」と勘ぐってしまいがちですが、自分以外の人に対してほめているということは利害関係はなく、本当によく思ってくれているのだと感じるからです。

もちろん、この陰ほめ口は確実に本人のもとに届くとは限りません。言ってみれば、たくさんの種をまくようなものです。しかし、**いろんなところで人をほめておけば、相手の耳に入ってあなたに好感を抱くこともあるのです。**まさに、まいた種が花開いたとなるわけです。

より心に響くウィンザー効果

■ウィンザー効果とは

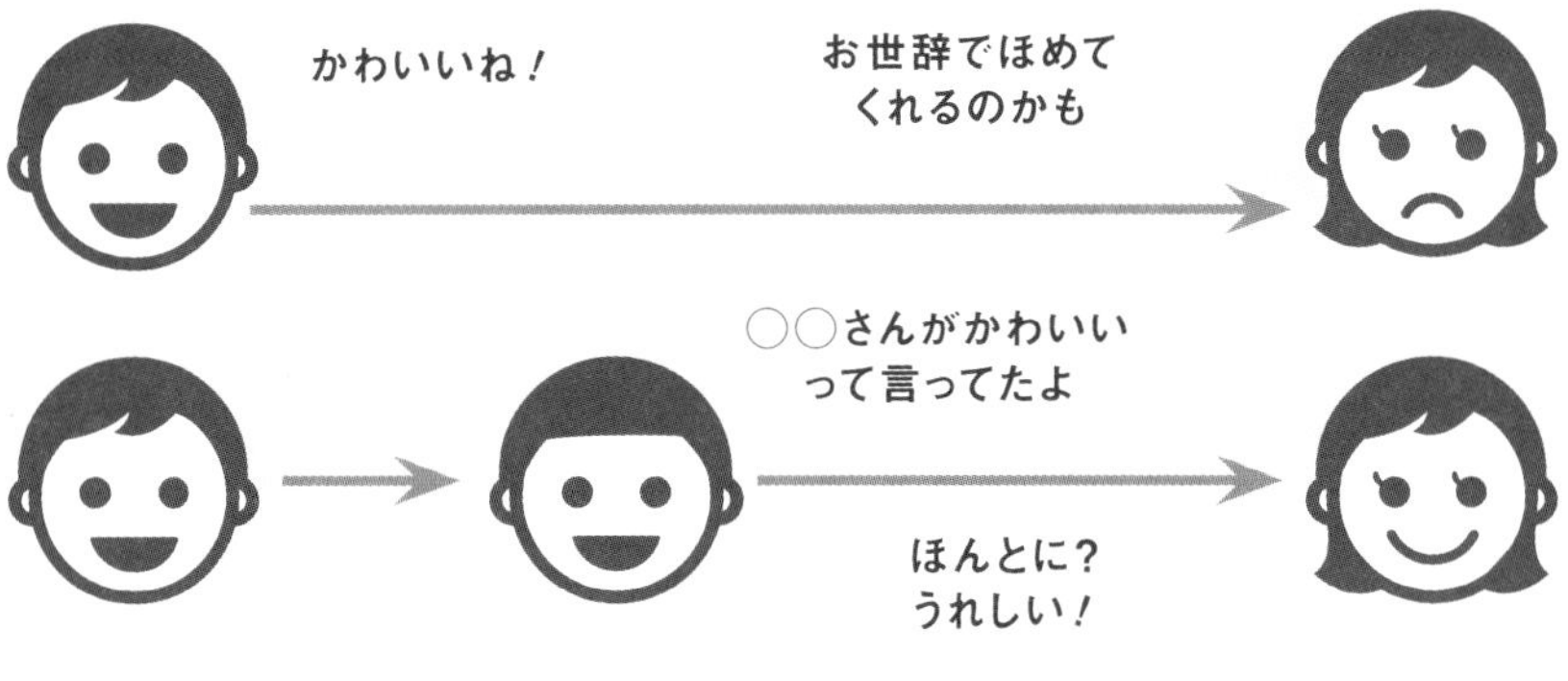
かわいいね！
お世辞でほめて
くれるのかも
○○さんがかわいい
って言ってたよ
ほんとに？
うれしい！

・利害関係のある当事者から直接聞く話よりも、
誰かを介して聞いた情報のほうが、信憑性を感じ、心に響く

■陰でほめるのは種をまくようなもの

仕事ができる
優しい人だよね
魅力的だな
本人に伝わり花開く

・必ず相手に伝わるとは限らないが、どこかで耳にすることが
あるかもしれない。そうすれば相手は喜び、
味方になってくれる。まいた種が芽吹き、花開くようなもの

STAGE 17

打ち解けたい相手には失敗談が有効

自分の失敗は人との関係強化に役立てよう

誰かと仲良くなろうとしたとき、まずは自分の情報を伝えるのが一般的です。どんな職業でどこの出身、年齢は何歳かなど。これらを提示すると、相手も同じように情報を開示してくれます。これは**「自己開示の返報性」**といわれ、自分と相手の知っている情報をイーブンにしたいという心理の表れです。こうして親しくなっていけば、さらに深い情報をやり取りするようになり、親密さが増していくわけです。

ここで注意しなければいけないのは、自己開示の内容です。急に「実は家庭で問題を抱えていて」というように、それほど親密ではない段階で深刻な告白をしてしまうと相手も困ってしまいます。また「会社でまた昇格してね」というような自慢めいたことも、相手から反感を買いかねません。

そんななかで**一番有効なのがちょっとした失敗談です。**「こないだうっかりミスで、書類を間違えちゃって」というような話をすれば、相手も、「私も実は……」というような返答をして盛り上がることでしょう。共感を得られれば、お互いの関係も深まります。何より自分の失敗を誰かとの関係を強化することに役立てられれば、あなたの気持ちもスッキリするはずです。

人との距離を縮める自己開示

■自己開示の返報性

私は……
個人の情報を開示
・職業 ・年齢 ・出身地 など
私の職業は
○○で…

・人は自己開示で対等な関係になろうとする心理が働く

・まず、自分から情報を開示することで、相手も自己開示をし、距離を縮めていくことができる

■失敗談などの自虐ネタも実は有効

この前仕事で
ミスしちゃって
実は私も…

・失敗談などは、自分の中に溜め込まず、自虐ネタとして話すのも有効な手段

・相手の共感を得られるため、互いの距離を縮めるのにも役立つ

STAGE 18

自分の怒りをコントロールする方法

怒りを感じたら自分を客観視して深呼吸

仕事やプライベートで納得のいかないことがあったり、誰かに迷惑をかけられたときに怒りが湧いてくることがあるでしょう。人間である以上、怒りを感じるのはしかたのないことです。ただし、**人は怒っていると不快な気持ちになり、冷静な判断力が失われます**。怒りにまかせて人を怒鳴りつけるようなことがあれば、関係が悪化してしまうこともあります。なにか「イラッ」とするようなことがあったときは、その怒りを鎮《しず》める努力をしなければなりません。

心拍数が上がり、汗をかく、呼吸が浅くなるなどの体の変化を感じたら、**まず冷静になることが大切です**。**具体的には、深呼吸をして心身をリラックスさせましょう**。そして、興奮状態によって瞳孔が拡大するのを防ぐため、意識して目を細めます。さらには肩の力を抜くのも有効です。これらのことをしていくことで次第に怒りが収まっていき、脳が平常時に近づいていきます。

徐々に落ち着いてきたら、**できるだけ状況を客観視できるように努めましょう**。「自分は今怒っていたな」と感じられるようになれば冷静になってきた証拠です。相手のことをよく観察し冷静に対応しましょう。

イラッとしたら冷静にクールダウン

■怒りを感じたときの体の状況

- 心拍数が上昇する
- 全身の筋肉がこわばる
- 呼吸が浅くなる
- 汗をかく
- 声がうわずる
- 頭に血が上る

・上記の反応が出たときは要注意
・怒っているときは、不快で、冷静な判断力が失われる
・大声や暴力で相手を攻撃してしまうことも
・人から見たら好感度ダウン

■「ムカッ」とくることがあったときの対処方法

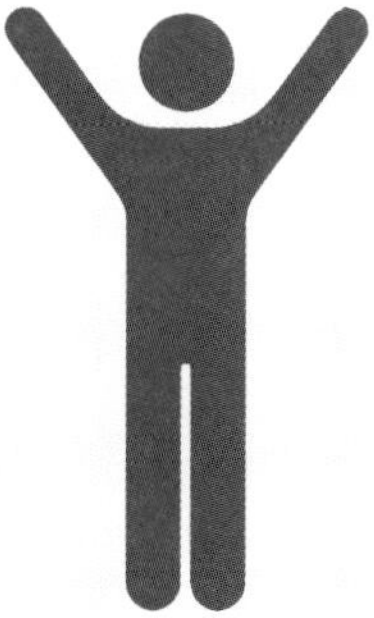

深呼吸
深く呼吸をすることによって、心身をリラックスさせる

目を細める
瞳孔が拡大するのを防ぐ

掌の汗を拭く
手を開いて汗を拭き、そのまま開いておく

肩の力を抜く
全身の力が抜け、リラックスできる

これらにより、脳が「平常時」へと近づき、
冷静さを取り戻す

値段が高いほど売れる?
「ウェブレン効果」の不思議

化粧品は中身より箱のほうが原価が高い

一般的に消費者にとって商品は価格が安いほど魅力的に映りますが、反対に価格が高いほど物が売れる現象を、心理学では「ウェブレン効果」と呼びます。その根底には「価値あるもの」「特別なもの」を手に入れて優越感に浸りたいという消費者の心理があるのですが、この心理をうまく利用したビジネスのひとつに化粧品があります。

化粧品は原料費が非常に安いことで知られており、例えば化粧水の原料費は1～2円、乳液は2～3円、口紅は5～10円、ファンデーションは20～30円ほどしかかかりません。ところが、パッケージなどを豪華にして高級感や特別感を出すことで、これを数千円、ときには数万円という高値で販売するのが化粧品ビジネスの基本です。ちなみに、化粧品のパッケージの原料費は20～100円程度。実は中身よりも外側のほうが高いというのが化粧品の実態だったりします。

にも関わらず、高額で売れるのは、化粧品というのは価格が高ければ高いほど、効果効能があるように思わせることができるからに他なりません。まさに価格の高さが、他とは違う「価値あるもの」「特別なもの」という幻想を消費者に抱かせてくれるというわけです。そういう意味では、化粧品というのは「美しくなりたい」という女性の夢を売っている商品といえるかもしれません。

値段が高いものほど効果も高いように感じる

第3章

相手の心を操る心理テクニック

STAGE 1

人を思い通りに動かす技術

心理学を利用して相手の心と行動をつかむ

心理学をうまく活用すると、相手の心理を読み、自分の思ったとおりに動かすことができます。そのためには、いくつかの能力が必要です。

まず、相手の気持ちを理解すること。これは、相手の言葉や仕草を注意深く観察し、それがどんな意味を持つのかを考えることです。次に、相手と深く知り合うためのコミュニケーション能力。これは、少し意識を変えるだけで、ぐんと高めることができます。そして最後に相手の心を動かす能力です。あなたのちょっとした言葉や行動によって、その心を刺激し、動かせるようになれば、人間関係はより円滑になっていきます。

以上のようなことを実現するためには、**その対象となる相手と日頃からコミュニケーションを取り、良い関係を作っておくことが重要です。**例えば、相手が上司や先輩であれば些細なことでいいので、日頃から頻繁に相談をするようにしましょう。何度か相談を重ねていけば、**「熟知性の原則」**（54ページ）や**「単純接触効果」**（64ページ）によって、親密度は増していきます。相談に乗ってもらったら、感謝の言葉を述べるようにしましょう。相手の自尊心をくすぐり、強力な味方になってくれるはずです。

相手の心を知り思い通りに動かす

■思い通りに動かすために必要な技術

1相手の気持ちを
理解する能力

2相手と深く知り合うための
コミュニケーション力

3相手の心を動かす能力

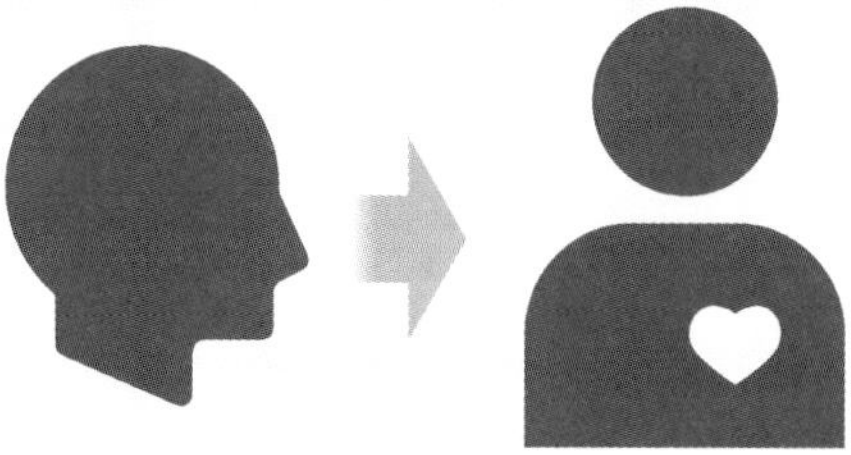

・人を思い通りに動かすには、相手の心を読み、
相手の心を上手に刺激する必要がある

・普段からコミュニケーションをとり、良い関係を作っておく

■相手が上司であれば

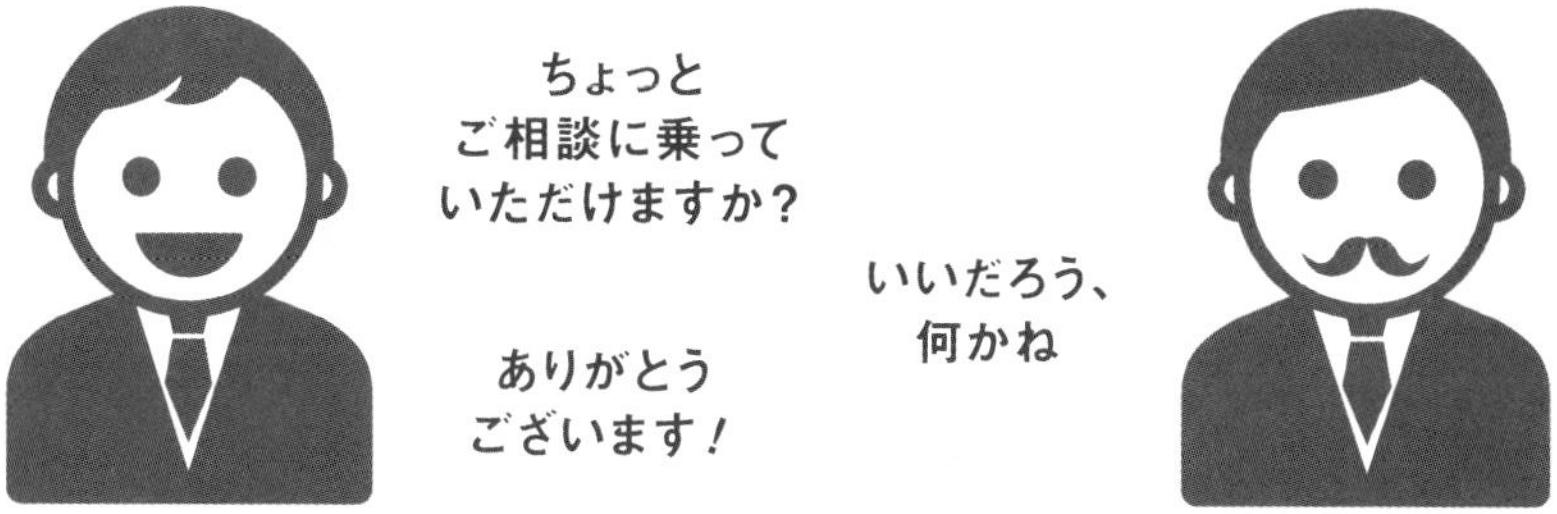
ちょっと
ご相談に乗って
いただけますか？
いいだろう、
何かね
ありがとう
ございます！

・日常の些細なことでいいので、頻繁に相談する

・答えてもらったら、「ありがとうございます」
「勉強になります」などとお礼を言う

・これにより、相手の自尊心をくすぐることができる

STAGE 2

主導権をとるための質問テクニック

難しい質問と光の当たる方向がポイント

誰かと話をしていて、自分の思った方向に話を進めようとする場合、会話での主導権を握るのが確実な手法です。ただし、話が上手な人の場合、なんとかして主導権を取ろうとしてくることがあります。そんなときに有効なのが、**相手がすぐに答えられないような難問を問いかけることです。**「○○については、どう考えてますか?」や「根拠となるデータはなんでしょうか?」といった質問を投げかけ、即答できないようであれば相手はかなり自信を失います。そうなるとその人物は積極的に発言はしなくなり、自然と主導権はこちらに移ってくるのです。話をしているときには、なにか違った視点での質問ができないか、大きく視野を広げていろいろと頭を回転させ考えてみてください。

もうひとつ、**自分が主導権を取るのに有効なのは環境です。**部屋の中で光が自分の背中から当たるようにすると、主導権を握りやすくなるのです。これは、眩しさを感じると人は目が疲れ、受動的になるという心理を利用したもの。窓のある部屋であれば、それに背を向けるようにして座ってみてください。自分に有利な話を進めることができるようになります。

相手を思い通りに動かすには会話で主導権をとる

■答えるのが難しい問題を問いかける

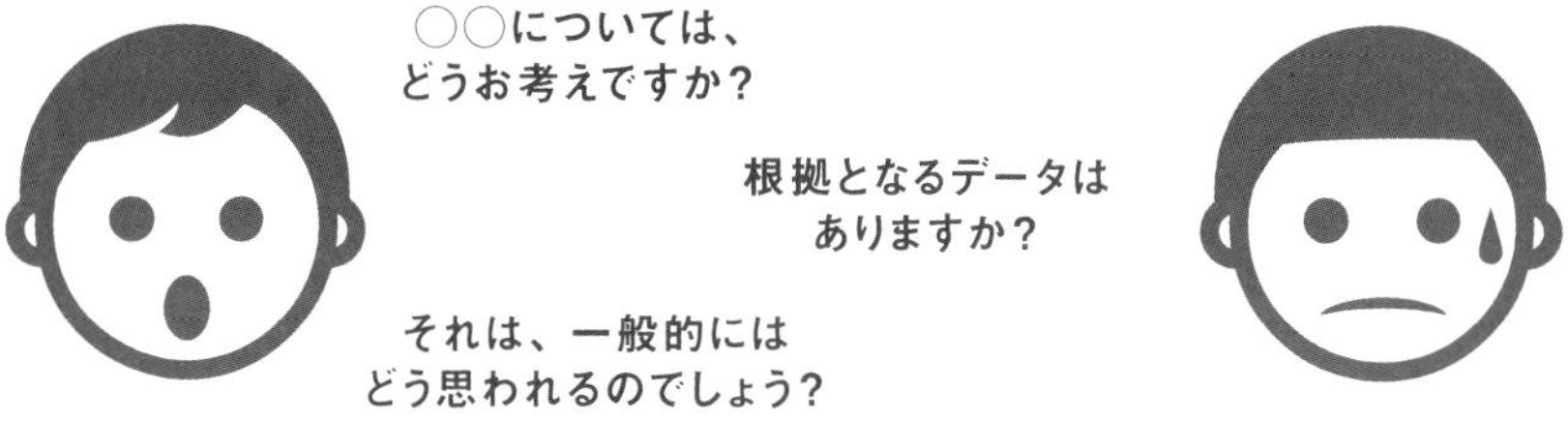
○○については、
どうお考えですか？
根拠となるデータは
ありますか？
それは、一般的には
どう思われるのでしょう？

・人は自信のないことには進んで発言しなくなり、相手に主導権を握られる

・それを利用し、相手が即答できないような質問を多く投げかければ、自分が主導権を握ることができる

■相手と会話する環境でも工夫ができる

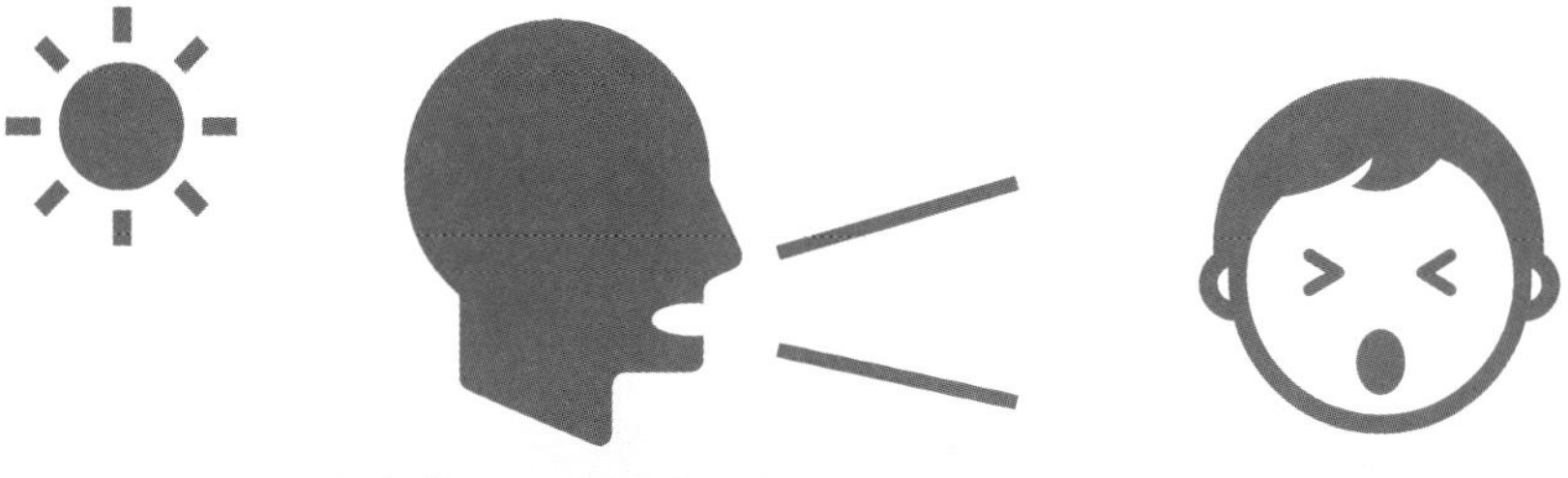

光を背にして話すと効果的

・光を背中にして話すと、相手の目が徐々に疲れてくる

・人間は視神経に疲労がたまると受動的になる

・結果的に自分が話の主導権をとりやすくなる

STAGE 3

交渉は先手必勝が基本

早め早めの行動で精神的な余裕を確保する

待ち合わせの時間に遅刻した、または時刻通りに行ったのに相手が先に来ていて恐縮してしまったというような経験は誰しもあるでしょう。実は**このような場合、その後の交渉においても相手に対する申し訳なさや引け目から無意識に影響を受け、うまくいかないことが多いのです。**

それを回避するには手段はたったひとつ。相手よりも早く現場に行くことです。人間関係は先手必勝が基本です。時間通りに来る人であればそれより少し早く、もっと早く来る人であればさらに5~10分早く着くようにしましょう。こうすることで、「時間を守る誠実な人」という印象を持たれ、時間に厳しい人にも一目おかれる存在になれるのです。

この先手必勝の法則は、会話をしているときにも役立ちます。**相手の心をつかみたいと思ったらまず先にほめること。**もし、相手がそれよりも先に自分をほめてきたら、間髪をいれずほめ返しましょう。「仕事での実績を残されているんですね」と言われたら、「ありがとうございます。〇〇さんこそ大きな仕事をまとめ上げたと聞きましたよ」というように、**お礼を言いながらほめましょう。何よりもスピードが肝心です。**

常に先を読んで行動する

■待ち合わせに遅れるのは厳禁

・待ち合わせに相手よりも遅れて行くと、定刻に行ったとしても負い目を感じる

・相手よりも有利に立って交渉を進めるには、必ず先に着くこと

・待ち合わせよりは、５～10分は早く行くようにする

■相手にほめられたらすぐにほめ返す

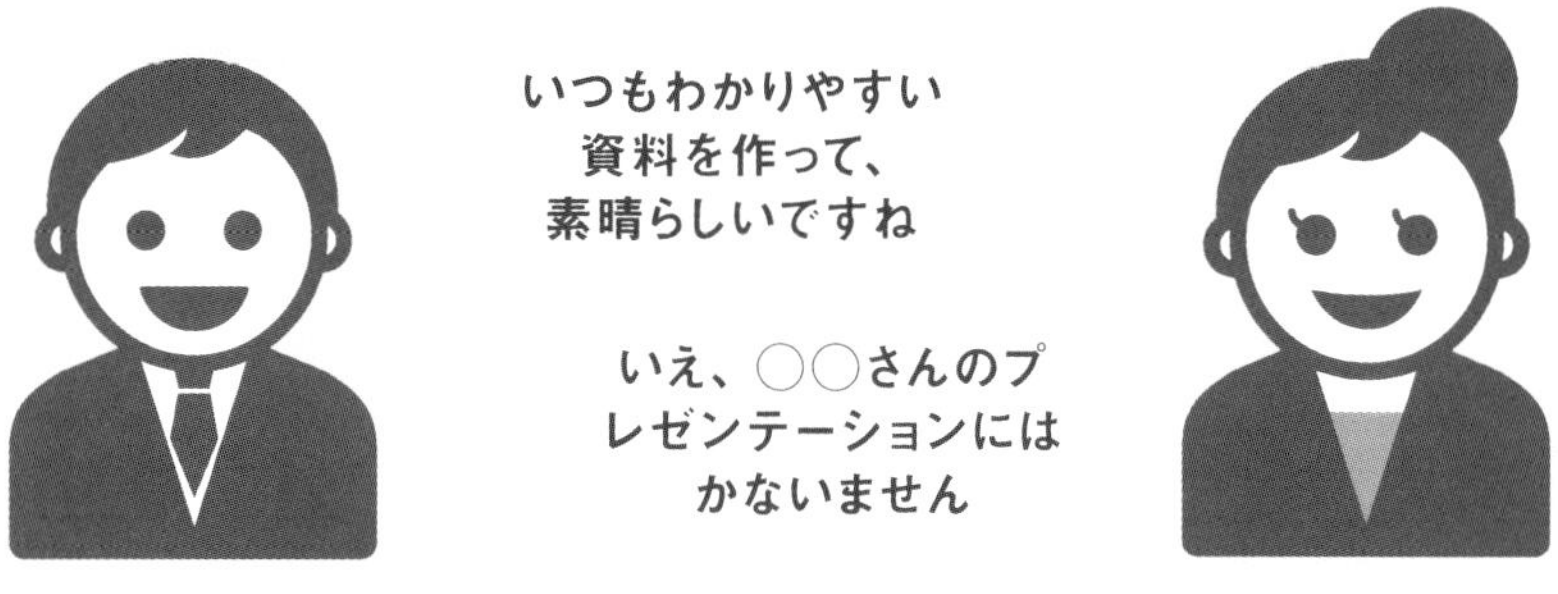
いつもわかりやすい
資料を作って、
素晴らしいですね
いえ、○○さんのプ
レゼンテーションには
かないません

・人はほめられると気分がほぐれてくる

・相手がほめてきたらすぐにほめ返す

・ほめられても乗せられないよう、警戒しておく

STAGE 4

ライバルから成功の秘訣を聞き出すには

ほめテクニックと仮定の言葉をうまく利用する

いわゆる、仕事ができる人や優秀な人材というのは他の人と何が違うのでしょうか。それは、様々な経験のなかから独自のテクニックや方法論を編み出して活用しているということです。それらを聞き出すことができれば、あなたもできる社員に一歩近づくといえるでしょう。

しかし、そのような人は往々にしてなかなか秘訣を教えてくれません。そんなときには、**言葉で相手を持ち上げる「ほめテクニック」を使うのがかなり有効的です。**

「難しい商談をまとめたと聞きましたよ。さすがですね！」というように相手をほめてから、「ところで、そのコツはどんなところにあるのでしょう？」と秘訣を聞き出します。できる人は物理的な報酬よりも、周りの人からの称賛といった精神的な報酬を求めていることが多いので、そのプライドを満足させるわけです。

もし、それでも教えてくれない人がいれば仮定の言葉を使ってみましょう。「もしかして、交渉の前に準備されてることはありますか？」というようにすれば、直接聞いているのではないという印象を持たせられるので相手のガードはゆるくなり、秘訣を話してくれるに違いありません。

デキる人からスキルをいただく

■まずは相手を称賛し、秘訣を聞き出す

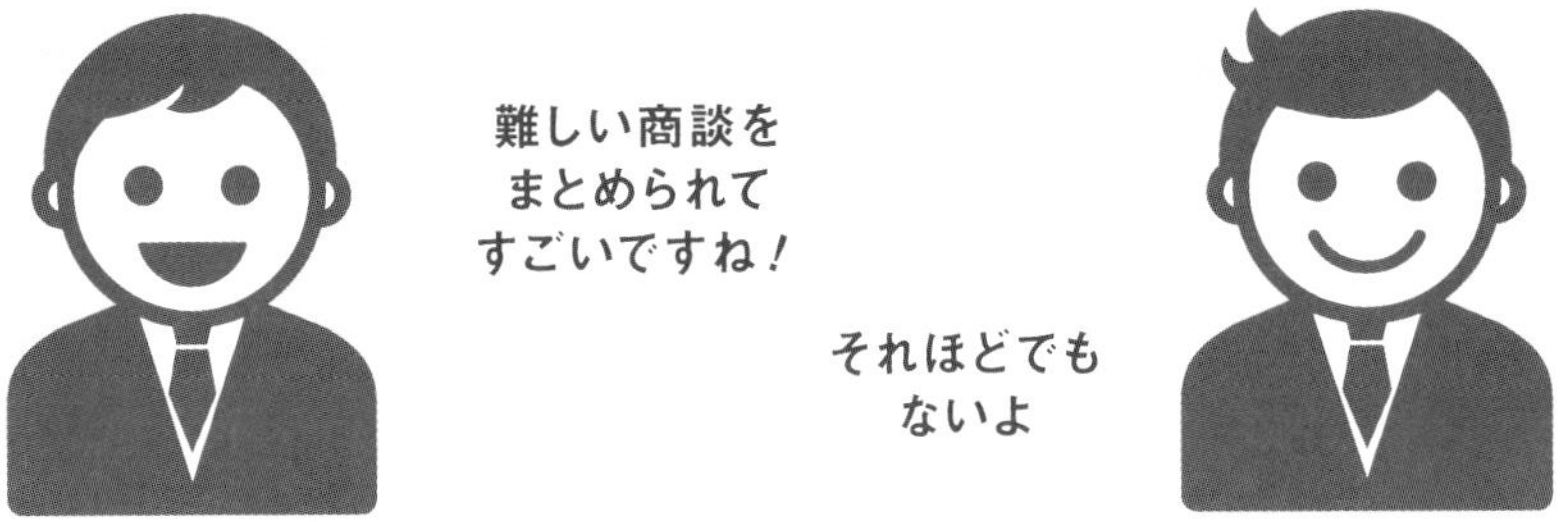
難しい商談を
まとめられて
すごいですね！
それほどでも
ないよ

・デキる人は、独自のテクニックや方法論を持っている

・自分のスキルを上げるには、教えを請うことが早道

・ほめることで、相手のプライドを満たし、精神的に満足させる。その上で、成功の秘訣を教えてもらう

■なかなか教えてもらえないときは仮定の言葉を使う

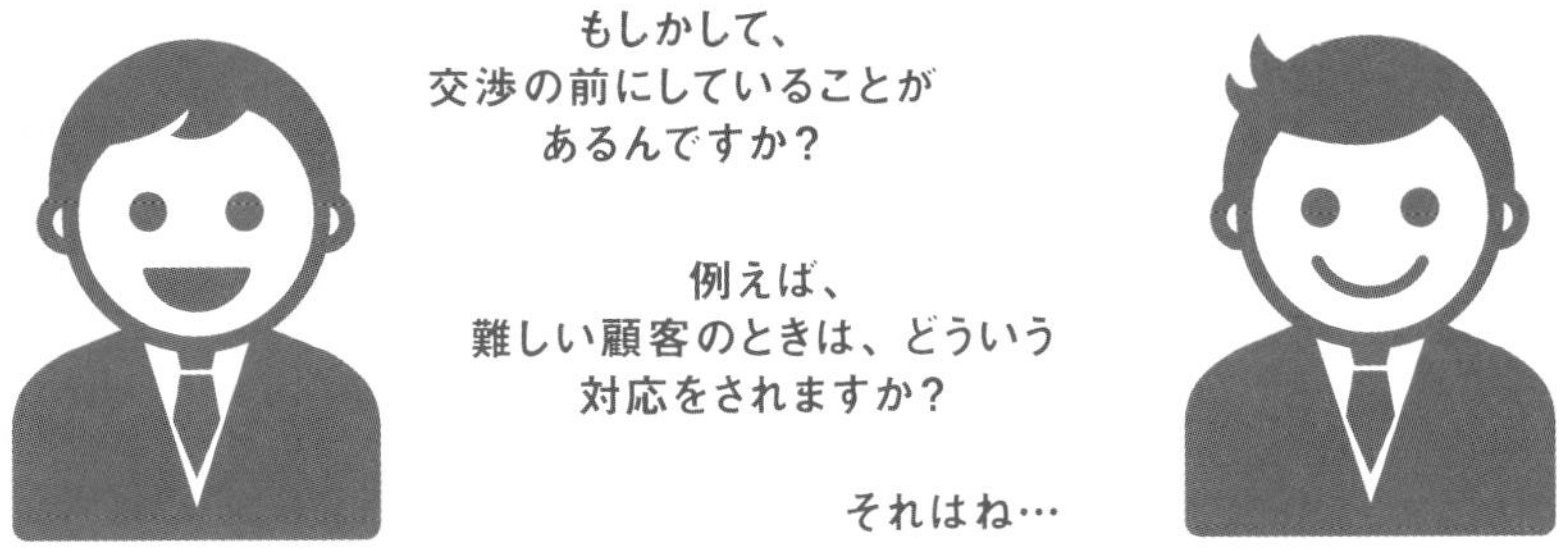
もしかして、
交渉の前にしていることが
あるんですか？
例えば、
難しい顧客のときは、どういう
対応をされますか？
それはね…

・「もしかして」「例えば」という、仮定の言葉は、直接質問していることにはならないため、相手のガードがゆるくなる

・このような言葉をうまく使えば、核心についても聞き出せる

STAGE 5

期待をかければ人は伸びる

ピグマリオン効果を上手に使って人材育成

あなたの近くに、いつも失敗ばかりしていたり、やる気の感じられない部下、後輩はいませんか？　彼らはなぜ成長しないのでしょうか。それは、まわりの人からネガティブな言葉をかけられているからかもしれません。これは**「ゴーレム効果」と呼ばれるもので、人は周囲からネガティブな言葉をかけられ続けるとその通りになってしまうのです。**そのため問題のある人に対しても、何かを強制したり、嫌味を言ったりするのはまったく効果がありません。

反対にそのような人に対しては、**とにかく期待し、それを言葉で伝えてみましょう。見返りや報酬を求めないという無条件の期待は相手にも必ず伝わり、それに応えようとするはずです。**これは、**「ピグマリオン効果」**と言われるもので、心理実験によって証明されています。もし直してほしいところがあるならその人のダメなところを指摘するのではなく、一般論として伝えることが重要です。時間にルーズな人であれば、「やっぱり、時間を守る人は信頼されるよね」という具合です。すぐには効果が現れなくても決してあきらめることなく根気よく続けましょう。必ず期待は伝わり、相手も成長していくはずです。

ピグマリオン効果を利用する

■ゴーレム効果

何をやっても
ダメだな！
注意力が
足りないんだよ！
もっと仕事に
真剣に取り組んで
くれないと！

・人はネガティブな言葉をかけられるとその通りになってしまう
・何かを強制したり、嫌味を言ったりするのは、メリットがない

■ピグマリオン効果

君の活躍に
期待してるよ！
資料の内容、
だんだん良く
なってるね！

・人は期待をされると、喜びを感じ、それに応えようとする
・すぐには効果が現れなくても、根気よく続ける
・見返りを求めない、無条件の期待であることが重要

STAGE 6

「NO」を「YES」に変える交渉テクニック①

「しか」「だけ」を強調して自己重要感を満たす

道端で急病人が倒れて、助けを呼んだとき、「誰か助けてください！」と言っても、誰も手を貸そうとしないということがあります。これは、多くの人が、**「自分がやらなくてもいいだろう」「誰かがやってくれるだろう」と考えて自分の問題だと考えないからです。この現象は「傍観者効果」と呼ばれ、対象を曖昧にしていることによって起こるものです。**

仕事で誰かに頼みごとをするときも、この傍観者効果が働かないように気をつけなければいけません。「誰か」ではなく、特定の人に対して頼むようにするのです。

もちろん、1対1で依頼する必要がありますが、その際はその人でなければできないということを強調するのが大事です。人は他者から必要とされたいという欲求**（自己重要感）**を持っているので、そこを上手に刺激してあげましょう。「これだけのデータをまとめられるのは君しかいないから」「重要なお客さまを任せられるのはあなただけだから」というような言葉で、**その人を特別に思っていることをしっかりと伝えるのが大事。**きっと相手はあなたの力になりたいと考え、全力を尽くしてくれるはずです。

自己重要感を刺激する交渉

■傍観者効果

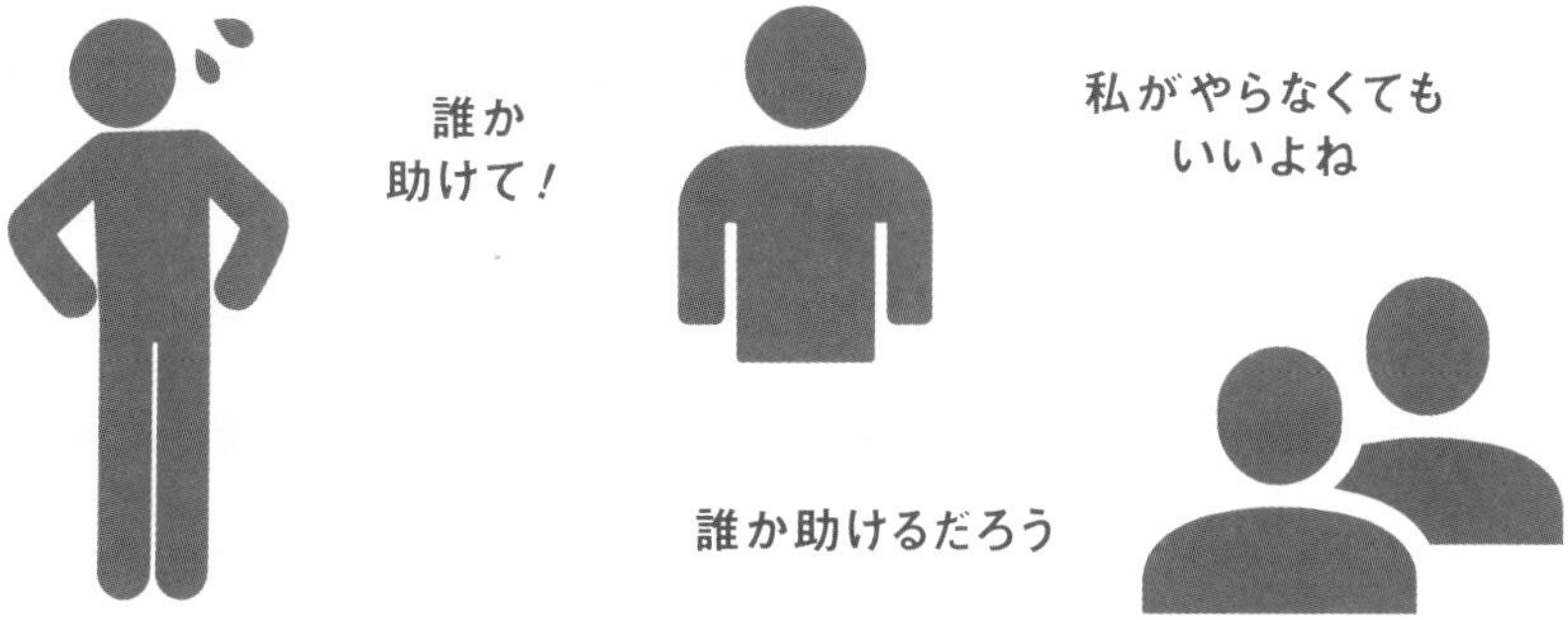
誰か
助けて！
私がやらなくても
いいよね
誰か助けるだろう

・「誰か」のように、依頼する対象を曖昧にすると、
それを聞いた人も「自分がやらなくてもいいだろう」という、
傍観者の考えになってしまい、結局誰からも反応をもらえなくなる

■自己重要感

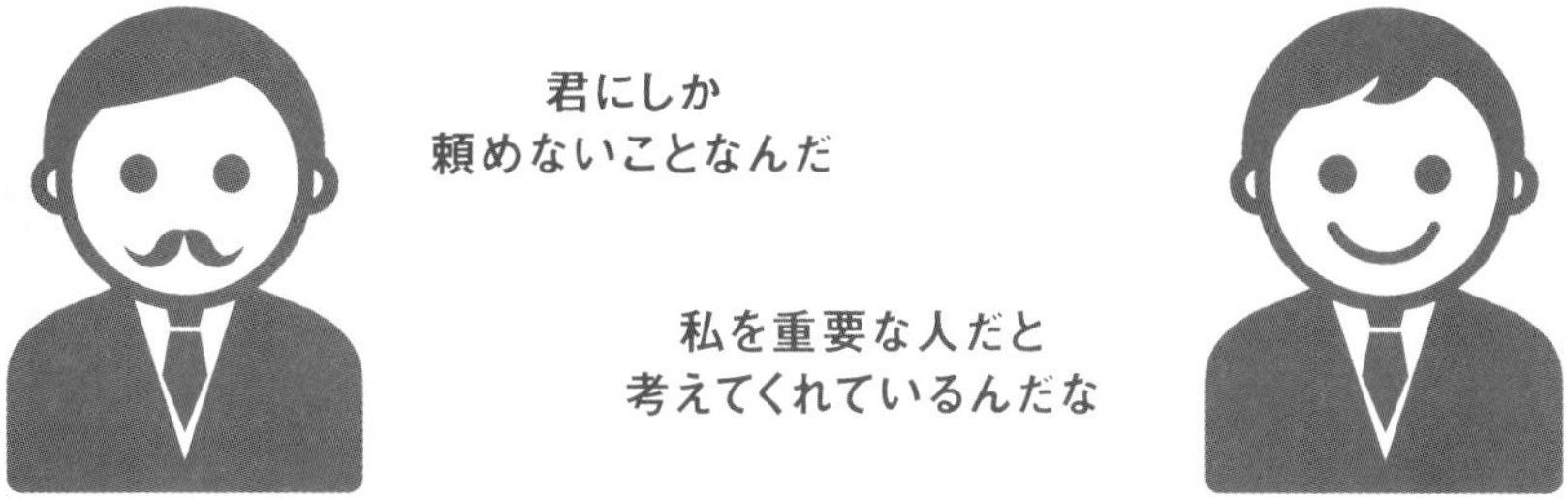
君にしか
頼めないことなんだ
私を重要な人だと
考えてくれているんだな

・頼みごとをするときには、「しか」「だけ」という言葉を使い、
その人でなければならないということを強調する
・自己重要感が満たされると、幸せな気持ちになり、
意欲的に取り組んでもらえる

STAGE 7

「NO」を「YES」に変える交渉テクニック②

ビジネスで使える「コントラスト効果」と「バンドワゴン効果」

ビジネスで使えるテクニックのひとつに「**コントラスト効果**」があります。これは、**単独で示されると値段が高く感じるものでも、比較対象を出すことで手頃に感じるという心理です**。何かをセールスするときには本当に売りたいものよりも高いものを提示し、「それに比べればこちらは安いです」と言うのが有効な手段なのです。

また、社内で自分の意見を通すようなときにも、ちょっとしたテクニックがあります。それは、何かしらの大義名分を理由にすることです。例えば、同僚などになかなか引き受けてもらえないような頼みごとも「会社のためだから」と言えば、相手は「しかたがない」となるでしょう。このような、キラーワードをいくつか持っておくと、仕事をうまく進めることができるのです。

また、日本人に強く見られる「**同調行動**」を活用するのも手。これは、「**バンドワゴン効果**」とも呼ばれ、**「周りのみんながやっているから」という理由で自分も同じ行動をするというものです**。

会議で自分の案を通したいのであれば、出席者の多くに根回しをしておきましょう。多数の人を賛成させておけば、少数派の意見を持っていた人もそれに合わせたくなるはずです。

コントラスト効果とバンドワゴン効果

■コントラスト効果

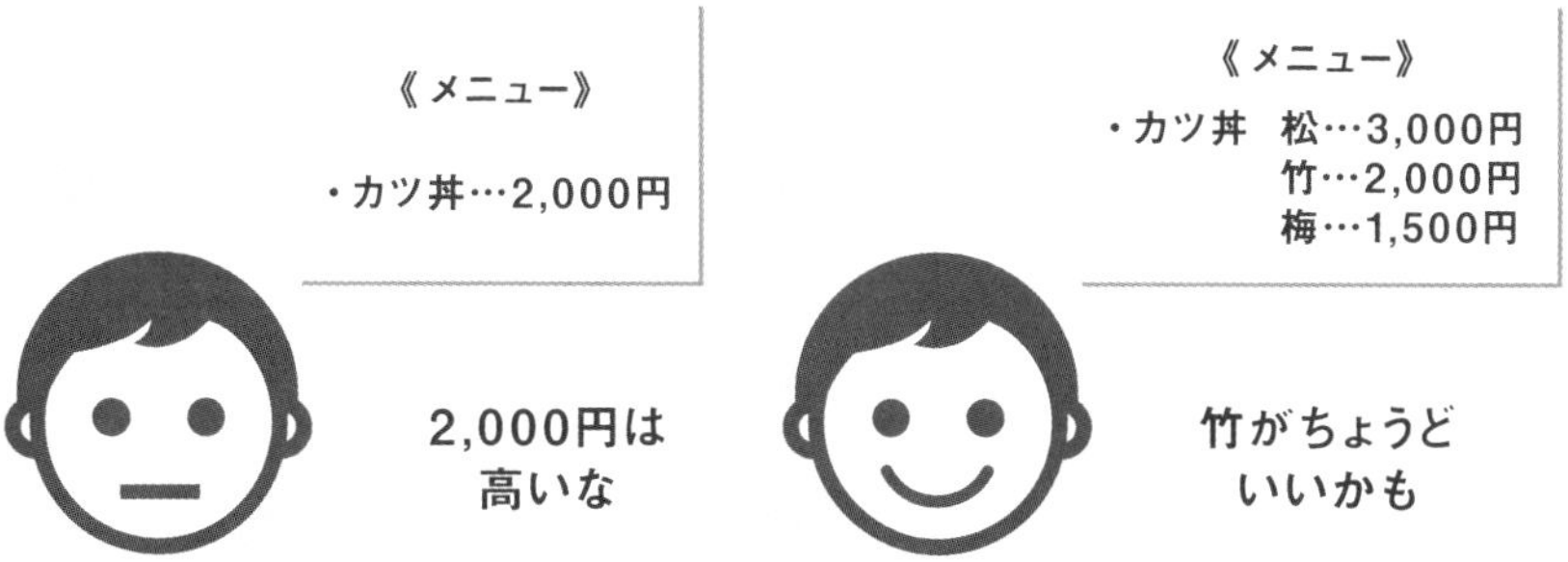
《メニュー》
・カツ丼…2,000円
2,000円は
高いな
《メニュー》
・カツ丼　松…3,000円
竹…2,000円
梅…1,500円
竹がちょうど
いいかも

・ひとつだけ提示されると、高く感じるものでも
より高いものを比較対象として出されると安く感じる

・交渉の場で、より困難な条件を提示してから、
本来頼むべき条件を言えば、受け入れてもらいやすくなる

■バンドワゴン効果

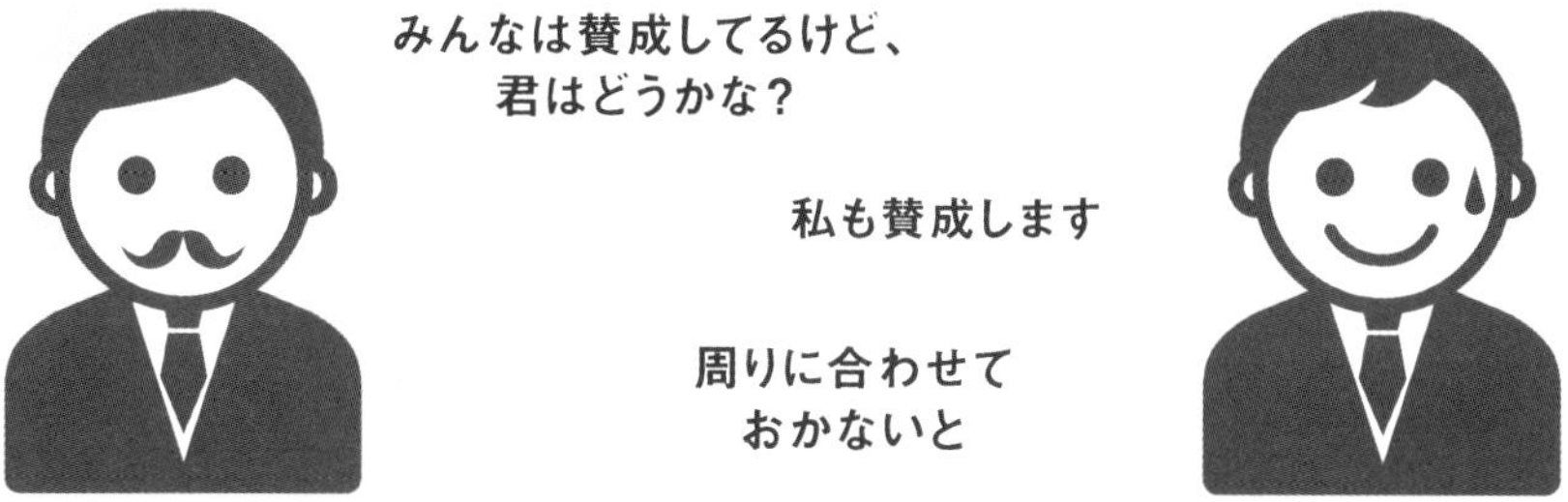
みんなは賛成してるけど、
君はどうかな？
私も賛成します
周りに合わせて
おかないと

・日本人はひとりだけ違うことをするのを好まないという傾向がある

・「みんなはこうだけど君は？」
「他の会社ではこうしていますが御社は？」

というような交渉をすれば、受け入れられる可能性が高まる

STAGE 8

「NO」を「YES」に変える交渉テクニック③

さまざまな交渉に使える3つのテクニック

会社でもプライベートでも、難しいお願いをすると断られてしまうことがあります。そんなときには、心理学のテクニックを使いましょう。

まず使えるのが**「ローボール・テクニック」**です。これは、**最初に引き受けやすいお願いをしておき、承諾してくれたら次に少し難しい依頼をしたとしても引き受けざるを得なくなるという心理です**。さらにこれの発展型とも言えるのが、**「フット・イン・ザ・ドア・テクニック」**。こちらは簡単な条件を提示し、**引き受けてもらったら徐々に条件を引き上げ、最終的に目的となる依頼を承諾させるというもの**。これらのテクニックは、いずれも**「一貫性の原理」**という心理作用を使ったもので、一度承諾したものは最後まで一貫した行動を取らないと信用をなくすのではないかという深層心理によるものです。

また、これらとは逆に最初にわざと断らせるという手法が、**「ドア・イン・ザ・フェイス・テクニック」**です。**最初により難しい依頼をして、それを断らせることにより、次に出す少し難度の低い依頼を引き受けさせようとするテクニック**。こうすることで最初に想定していたより少し難しい依頼を受けてもらいやすくなるのです。

こんなにある交渉テクニック

■ローボール・テクニック

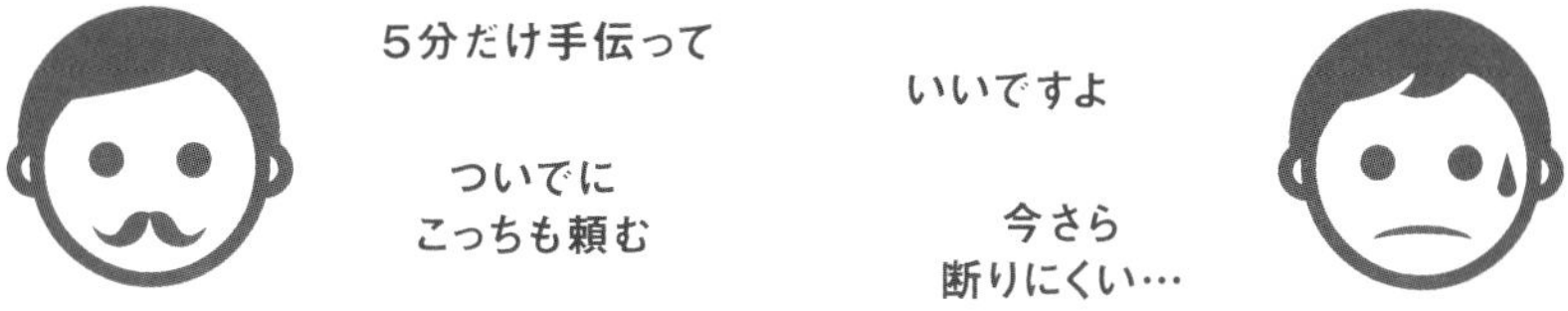
5分だけ手伝って
いいですよ
ついでに
こっちも頼む
今さら
断りにくい…

・初めに受け入れやすい条件で引き受けると、
その後の依頼も断りにくくなる

■フット・イン・ザ・ドア・テクニック

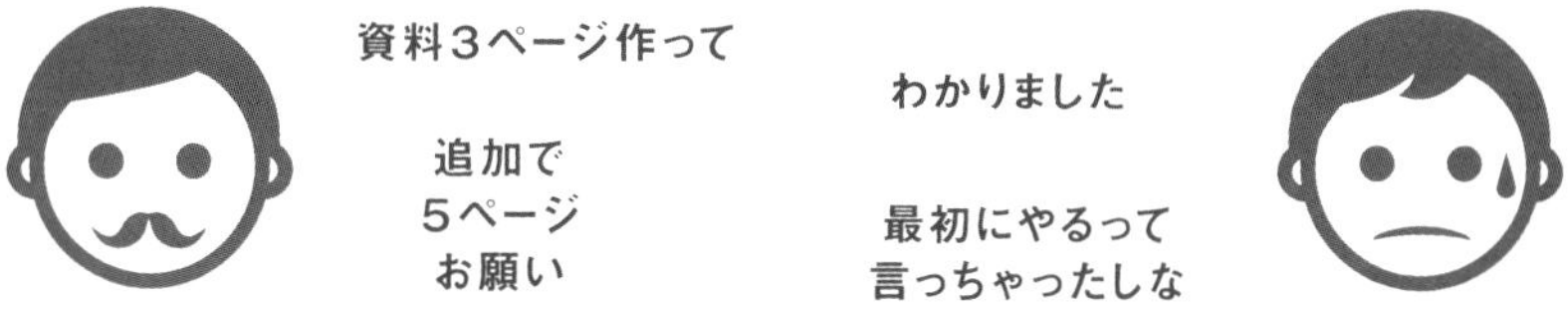
資料3ページ作って
わかりました
追加で
5ページ
お願い
最初にやるって
言っちゃったしな

・初めに簡単な条件を提示し、相手が引き受けたところで、
徐々に条件を上げていけば断られない

■ドア・イン・ザ・フェイス・テクニック

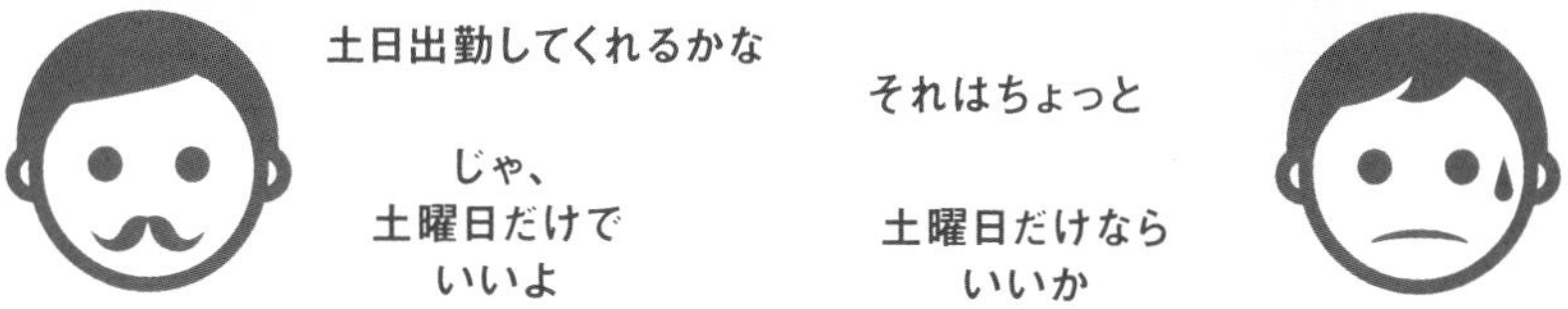
土日出勤してくれるかな
それはちょっと
じゃ、
土曜日だけで
いいよ
土曜日だけなら
いいか

・最初に難しい条件を提示し、断らせることで、
それよりも低い条件のものを承諾させる

STAGE 9　「NO」を「YES」に変える交渉テクニック④

「誤前提暗示」を使ってどちらかを選ばせる

セールス中にどうしても買ってもらいたい商品があったときやビジネスの場でどうしても通したい企画があるとき、**相手をうまく説得したいときなどは「誤前提暗示」をうまく使いたいところです。**

これは、買うか買わないか迷っているお客に対し、「こちらとこちらでしたらどちらがお好みですか?」というように、二者択一の条件を提示し、選ばせるというもの。最初は「買うか買わないか」で迷っていたはずが、その前提を誤らせて「どちらを買うか」になっていることから、誤前提暗示と呼ばれます。これを利用し、自分の企画を通したいのであればダミーの企画をもうひとつ用意しておき「どちらの企画がよいでしょうか?」と尋ねましょう。「こっちの案がいいかな」とどちらかを選んでしまい、「企画を通さない」という前提をなくしてしまうことができるのです。

なお、「A案とB案」のようにふたつの案が示された場合、**人はあとに言われたB案のほうが強調されて頭に残りそちらを選びがちです。**これは、**「親近化効果」**と言われるもの。そのため、「こっちを選んでほしい」と思うものがあるようなら、あとに言うほうがいいでしょう。

誤前提暗示

■二者択一で質問する

こちらとこちら、
どちらの商品に
なさいますか？
じゃ、右ので

・二者択一の条件を出されると、「買う・買わない」という判断がなされず、買うという前提で考えてしまう

・前提を誤らせることから誤前提暗示と言われる

■親近化効果

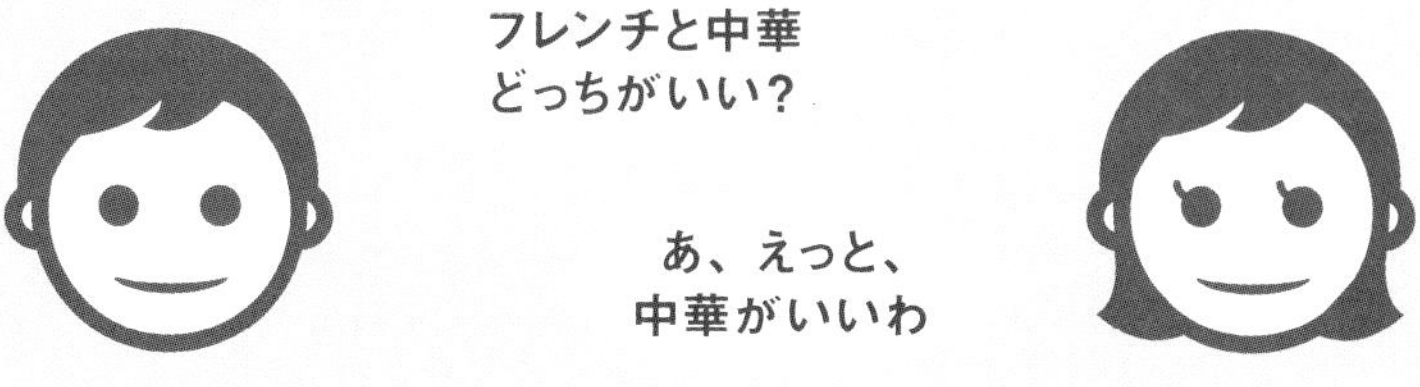
フレンチと中華
どっちがいい？
あ、えっと、
中華がいいわ

・二者択一を迫られると、あとに言ったフレーズのほうを選びがちになる

・相手に選んでもらうときには、自分が希望しているほうをあとに言うのが効果的

STAGE 10

同情や哀れみを誘って自分の要求を通す

弱いほうに肩入れしたくなるアンダードッグ効果

日本には判官《ほうがん》びいきという言葉があるように、何かの争いや対決では弱い方に肩入れをする傾向があります。これは、**不利な状況にある人には手を差し伸べたくなるという人間心理によるもので「アンダードッグ効果」とも呼ばれます。**

このアンダードッグ効果はビジネスにおいても大いに活用することができます。

例えば誰かに仕事の手伝いを頼むとき。ただ単に「これをやってもらえないか」と言うよりは、「上司にも怒られて困ってるんだ。手伝ってもらえないかな」と言えば、こちらの窮状が伝わって引き受けてもらいやすくなります。助けたほうも「自分は尊敬され必要とされている」と感じ、自尊感情が高まるのです。

この効果を利用するときには、多少大げさではあっても嘘はつかないこと、相手に引かれるようなアピールはしないこと、困っている状況をできるだけ具体的に話すことなどに注意してください。もちろん、「○○さんにしか頼めないことです」と自己重要感（92ページ）を刺激し、引き受けてもらったならば「ありがとう。おかげで助かりました」というお礼も必ず忘れないようにしましょう。

自分の弱さや窮状をさらけ出す

■アンダードッグ効果

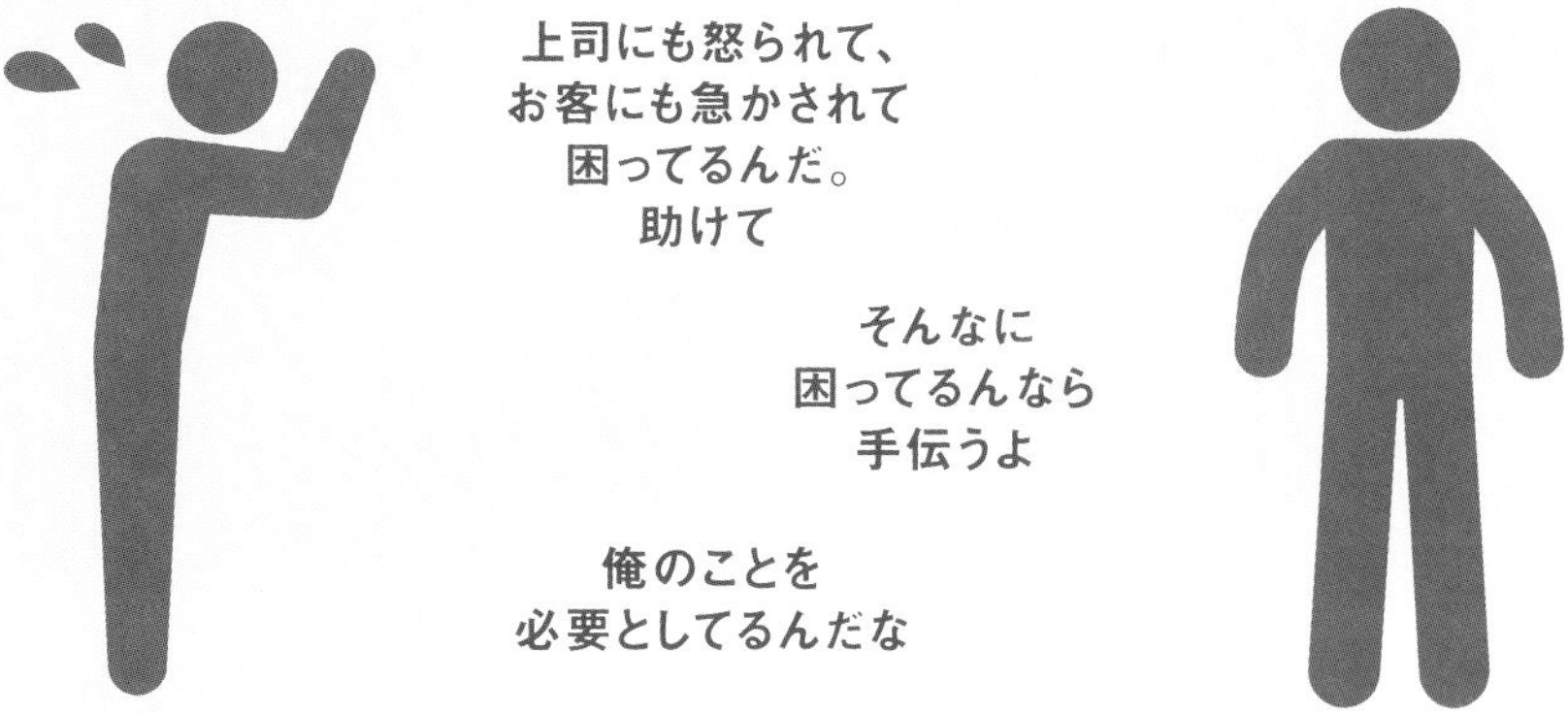
上司にも怒られて、
お客にも急かされて
困ってるんだ。
助けて
そんなに
困ってるんなら
手伝うよ
俺のことを
必要としてるんだな

・人は不利な状況にある人には、手を差し伸べたくなるという心理が働く

・頼まれたほうは、「自分は尊敬され、必要とされているんだ」という感情も生まれる

■効果的な頼み方

相手に引かれない程度の弱点や困難をアピールする

あなたにしか頼めない、というような言葉で、相手の自尊感情を刺激する

困っている状況を、できるだけ具体的に伝える

引き受けてもらったら、「○○さんのおかげで助かりました」と感謝を述べる

STAGE 11

セールストークで役立つ ふたつのテクニック

「フィア・アピール」と「ロストゲイン効果」

生きていれば誰しも心配や不安はつきまとってくるものです。「今度の仕事はうまくやれるだろうか」「老後はどうやって暮らせばいいだろう」と常に悩みは出てきます。ただし、先々を考えて心配することはそれを予防する対策を打てるということなので必ずしも悪いことではありません。

ビジネスにおいては、**その心配や不安を利用することでこちらの要望を飲ませる「フィア・アピール」という技法があります。**例えば「この仕事を断ると君の将来のためにならないよ」と言って引き受けさせたり、「保険に入っていないと病気になったとき困りますよ」と言って加入させたりといった具合です。あまり直接的な言葉で怖がらせるよりは、**柔らかい言い回しで表現したほうがより効果があります。**

もうひとつ**「ロストゲイン効果」**という手法があります。こちらは、**手に入れようと思ったものが無くなっているとどうしてもそれが欲しくなるという心理状態のことです。**一度「商品は売り切れました」とアナウンスして、「在庫で限定○個追加販売します」というような方法をとれば、購入意欲がかき立てられるので、必然と商品は売れるようになるでしょう。

不安や消失感を刺激する

■フィア・アピール

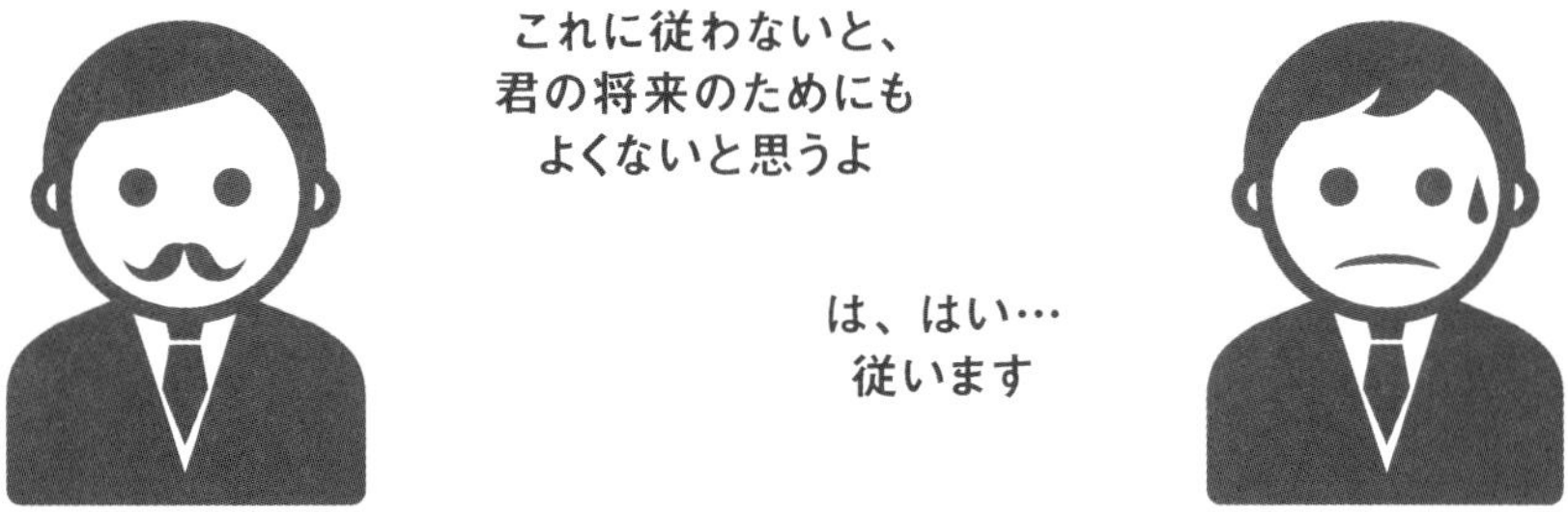
これに従わないと、
君の将来のためにも
よくないと思うよ
は、はい…
従います

・相手の不安や恐怖の気持ちを利用し、こちらの要求を飲ませる手法

・相手を脅かしすぎず、適度な不安を煽るのがポイント

■ロストゲイン効果

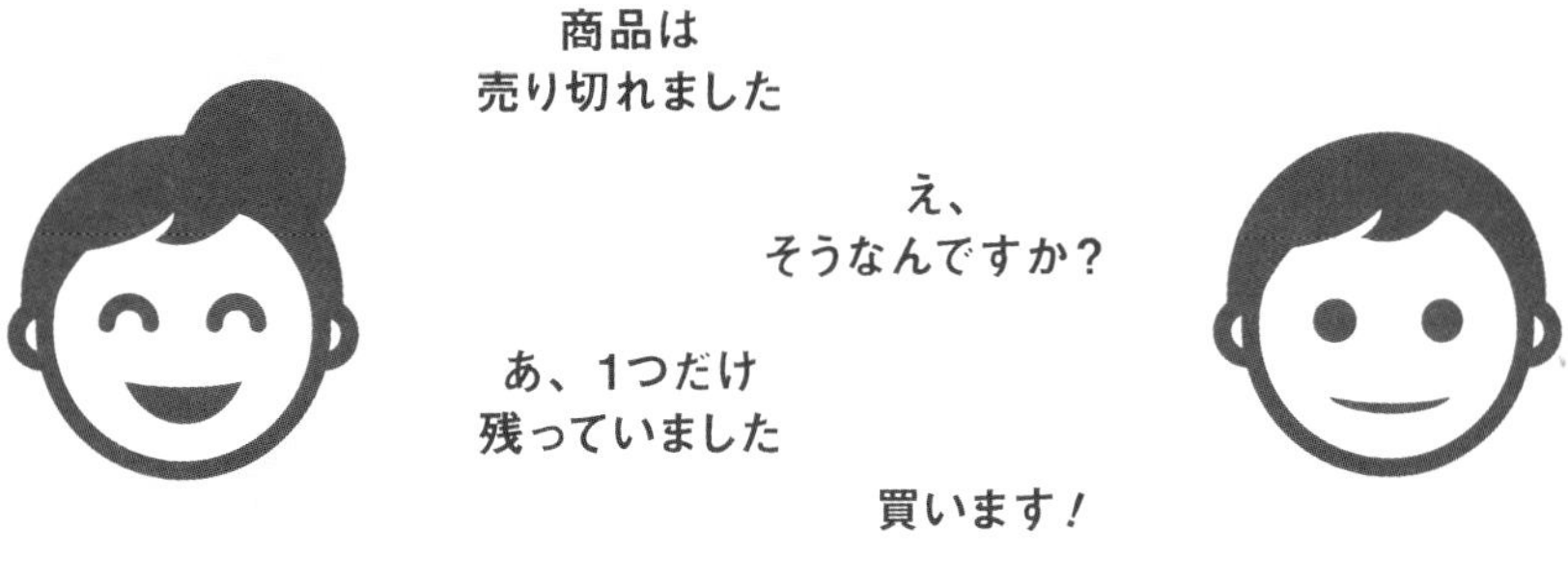
商品は
売り切れました
え、
そうなんですか？
あ、1つだけ
残っていました
買います！

・気になったものが手に入らないとなると、
どうしてもそれが欲しくなる心理効果

・それを使って、購買意欲をかき立てる

STAGE 12

セールストークは15分以内にまとめる

十分な事前準備が打ち合わせ成功のカギになる

みなさんは打ち合わせの時間をどのくらいで考えているでしょうか？　30分や1時間と設定する人が多いかもしれません。もちろん、その場の雰囲気によって長引く可能性がありますから、余裕を持って時間設定しておくことは大切です。しかし、重要なセールストークは15分程度で済まさなければなりません。なぜなら、**人が会話の内容に集中していられるのはだいたいそのくらいだと考えられているからです。**

15分で重要なことを伝えるには、まず簡単な雑談などをして相手をリラックスさせておくことが必要です。事前に相手が興味を持ちそうなニュースやネタを考えておき、さり気なく切り出すのがいいでしょう。

そして本題の打ち合わせに入ったら、まず最初に大切なことを伝え、それから補足的な説明をしていきましょう。もし結論に至る過程を先に説明したいなら、**話の最後に「一番重要なのはですね」と前置きをしてから結論を話せばより相手に伝わります。**とにかく、言葉や話題に無駄が生じないよう相手のことを調べておくなど、十分な事前準備をし、会話のシミュレーションをしておくことが成功へのカギとなります。

理想的な会話時間は15分

■まとまりのない話をしても効果はない

えっと、弊社の製品の
特徴はですね…

はい、ご要望は
お聞きして、
検討します…

・人が集中して相手の話を聞けるのは、15分程度と言われる
・その間に、どれだけ効率的に必要な情報を伝えるかを考える

■15分で効率的な話をするには

〇〇の製品は、
××のため、
このように
お役に立てると
思います！

まず初めに重要なことを伝え、その後補足説明をする

有効な前置きをして、「一番重要な点は」と言ってから説明する

・15分以上話すと、相手は最初に話したことを
忘れてしまうこともある
・事前にシミュレーションをしておくことも有効

STAGE 13

相手の怒りを鎮める3つのテクニック

「ディスペーシング」と「シュガーランプ」を使う

78ページで自分の怒りの鎮め方を解説しましたが、誰かと話をしていて言い争いになってしまったときには、自分の怒りを鎮めながら冷静に対処することが重要になってきます。

相手が怒っているときにこちらもそれに煽られてしまっては逆効果。ここはディスペーシング（反同調行動）を使って、相手の怒りを鎮めましょう。ディスペーシングとは相手のペースに合わせないこと。この場合は、怒りに対して、冷静さを保つことになります。

まず、相手が話し終わるまで口を挟まず、静かに聞きましょう。ときどき目を見てうなずくようにしてください。そして相手が話し終えたら、感謝の言葉を述べましょう。「本心を話してくれてありがとう」といった具合です。お礼を言われれば、相手は驚くでしょうが、感謝の言葉は承認欲求を満たし、怒りを和らげる働きがあります。

そして最後に使うのは、「シュガーランプ（砂糖の塊）」の話法です。これは砂糖のように甘い言葉を使って、相手の心理的抵抗を弱めるテクニック。「○○さんのおかげで大切なことに気づけました」というように相手を持ち上げ、その上で謝罪すればよいのです。

相手が怒っているときの対処法

■冷静さを保ち相手の話を聞く

・相手のペースに巻き込まれず冷静に話を聞く（ディスペーシング）

・ちゃんと聞いていることを示すために、相づちを打つのもよい

■謝罪ではなく感謝の言葉を述べる

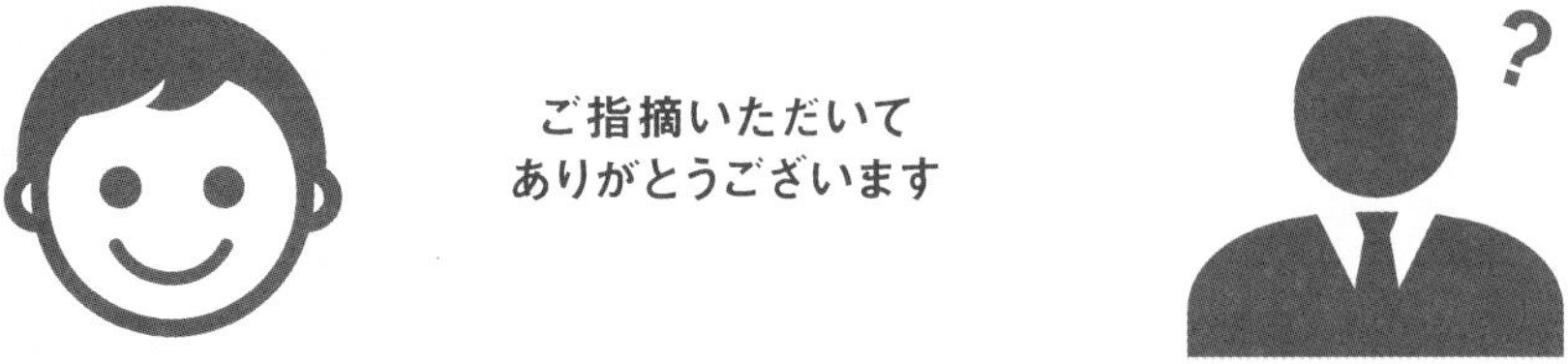
ご指摘いただいて
ありがとうございます
?

■シュガーランプ話法を使う

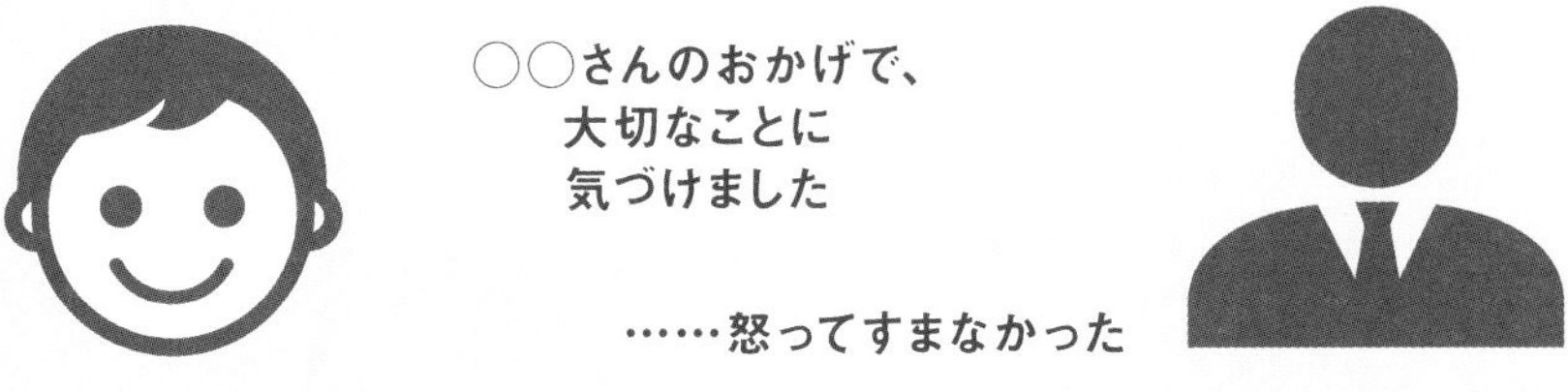
○○さんのおかげで、
大切なことに
気づけました
……怒ってすまなかった

・砂糖のように甘い言葉を使って、相手の心理的抵抗を弱める

・相手が冷静さを取り戻した時点で謝罪や改めての主張をする

STAGE 14

謝罪の3ステップをマスターする

手段を変えて3回謝罪の気持ちを伝える

ちょっとしたミスや仕事上の失敗で顧客を怒らせてしまう。ビジネスをしていくうえでは避けられない事態です。そんなとき、どのように謝罪をして事態を収拾できるかはひとつの腕の見せ所でもあります。

ここで使える心理効果は「ザイアンスの法則（単純接触効果）」です。これは、接触する回数が多いほど相手に親しみや好感を抱きやすくなるというもの。これを利用して無理なく多くの回数謝罪するのがよいのです。

まず、謝罪しなければならない場面になったらメールを使ってお詫びをしましょう。そして、相手がメールを見たと思われるタイミングで、電話で謝罪するのです。そこで相手の反応を確認し、最後は直接会って謝罪しましょう。こうすれば、3回も無理なく謝罪の言葉を伝えることになり、より許してもらえやすくなるのです。

なお、**直接会って謝罪するときには相手のテンションに合わせて話をするようにします。**静かに怒っているようであればこちらもトーンを抑えて説明し、怒りを爆発させ感情的になっているのであれば大げさなぐらいに謝罪してちょうどよくなります。

上手な謝罪のプロセス

①メールで謝罪を伝える

②電話をかけて謝罪する

③直接会って謝罪する

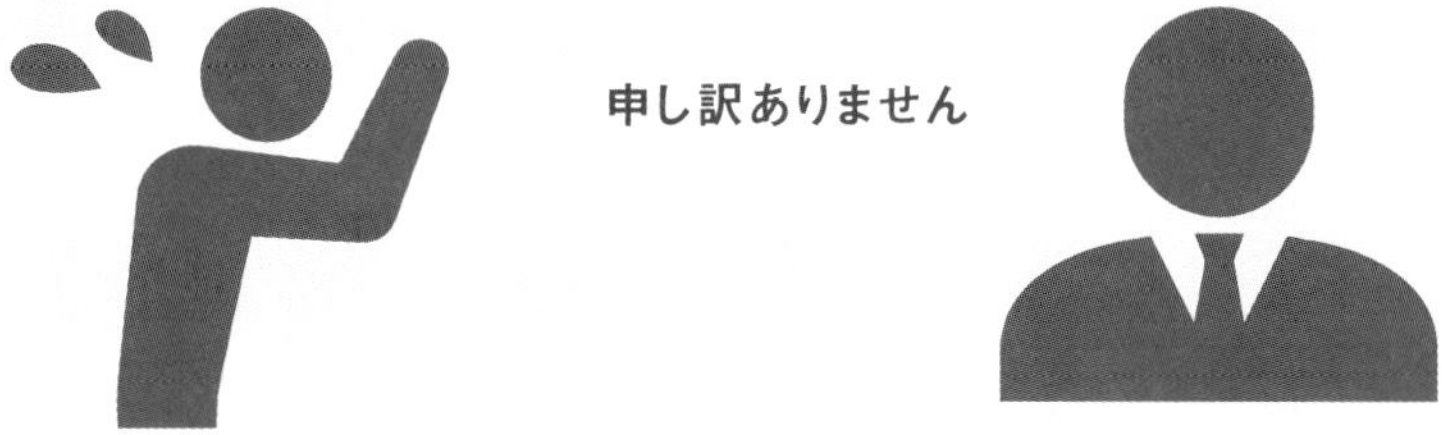

・人は、コンタクトが増えるほど相手に好感を抱く（ザイアンスの法則）

・これを利用し、メール→電話→直接会うという3回接触することで、相手の気持ちを和らげることができる

STAGE 15

上手に反論する方法

賛同の意思を伝えてから上手に質問をしていく

会議などで意見を出し合い少数派になってしまったとき、はたまた上司の意見が自分の思っていることと反対だったとき、絶対にそれが正しいと思えば反論しなければなりません。

しかし、この反論はなかなか難しいものです。ただ単に「それは違うと思います」と表明してその理由を述べたとしても、**相手の心証を害してしまいかえって反感を買いかねません。**人はどうしても感情でものを言ってきますから、ムキになって反論してくる人もいるでしょう。

そんなときには、**まず相手の意見に賛成していることを明示しましょう。**そうすれば、相手も安心してあなたの話に耳を傾けてくれます。このとき、批判的な様子は見せてはいけません。本音が見透かされてしまいます。「私もその意見に賛成です」と言った後、「ただ、ひとつ質問したいのですが、こういう場合はどうなるでしょう」と、**心配に思っていることを質問するのが上手なやり方です。**そうすれば相手も質問に答えざるを得ません。要領の得ない回答だったり、矛盾があったりすれば、周囲の人たちもあなたの意見を考慮してくれることになるでしょう。そうなったら、さらなる追加の質問をしていけばいいのです。

相手の意見への上手な反論のしかた

■直接反論をするのはNG

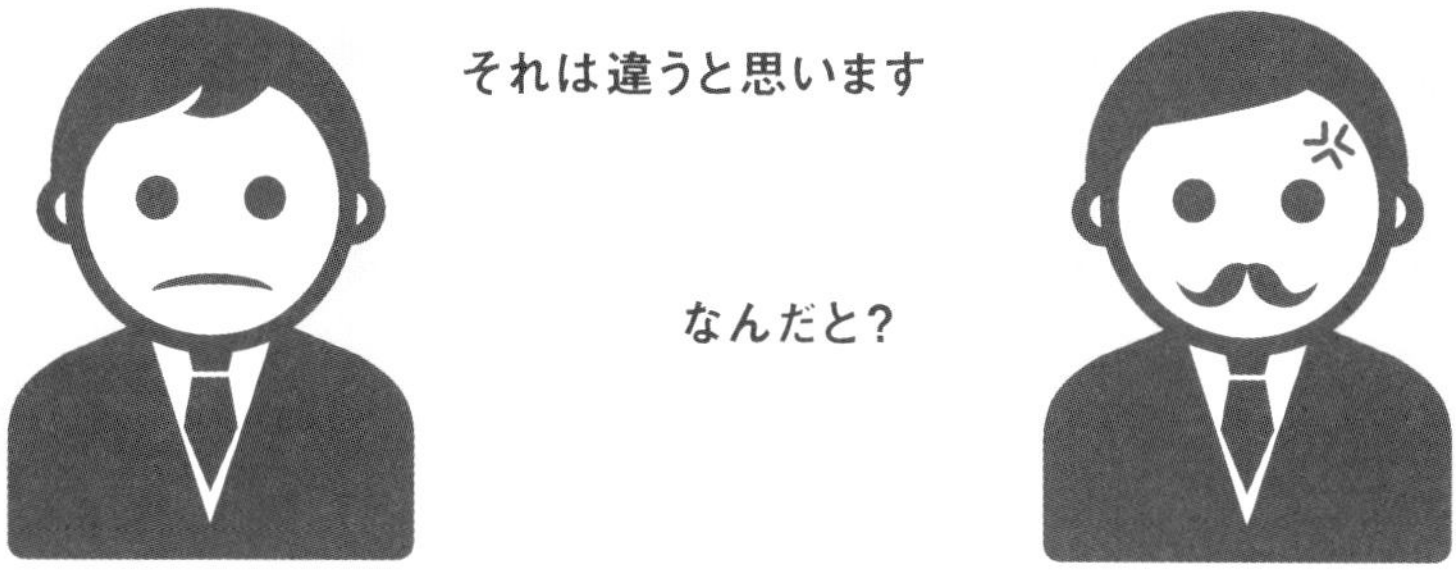
それは違うと思います
なんだと?

■一度相手の意見に賛同してから自分の考えを言う

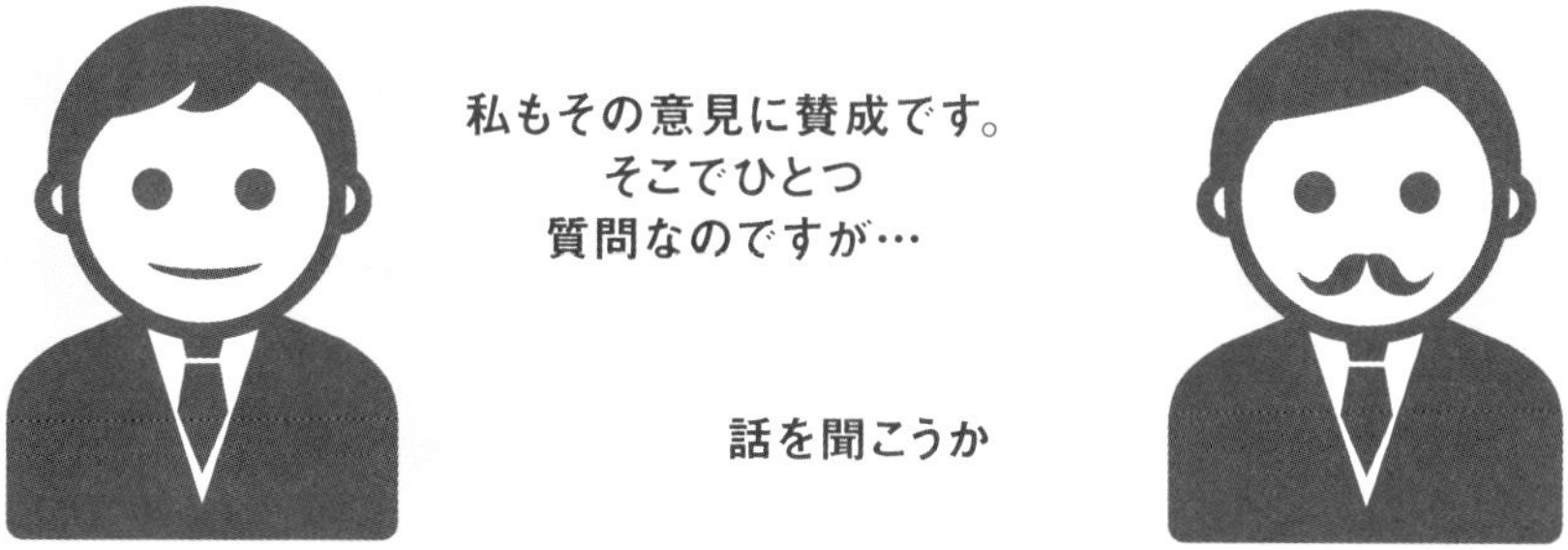
私もその意見に賛成です。
そこでひとつ
質問なのですが…
話を聞こうか

・たとえ自分が反対意見だったとしても、直接それを表明すると相手の気分を悪くしかねない

・まずは、「賛成です」「同じ意見です」と同意を示し、その後で、「ひとつ質問なのですが…」と、自分の意見を表すような質問をするのがよい

STAGE 16

相手を怒らせない スマートな断り方

YES／BUT法で 相手の気分を害さず断る

気の乗らない飲み会の誘いや面倒な会社行事への誘いなど、思わず断りたくなる場面は数多くあります。本音を言えば「楽しくなさそう」「気疲れしそう」といった理由であったとしても、それを**直接言っては相手との関係を悪くしかねません。**そうならないためにも、上手な断り方を身につけることが大切です。

　そんなときに有効なのが、YES／BUT法です。これは、**一度前向きな答え（YES）をしたあとに予定があるなどの理由をつけて断る（BUT）と言うもの。**最初に申し出を受け入れるような言葉を言っているので、断っても相手が嫌な気分を抱きにくくなり、関係を悪くすることはありません。

　例えば、懇親会に誘われたなら「職場の懇親会ですね。楽しそう！　ただ、残念ながらその日は別の打ち合わせが入ってしまっていて」というような具合。最後に「すみません。またぜひ誘ってください」というような一言を添えれば完璧です。

　もちろん、断る理由はなにか上手な嘘をつきましょう。あとからばれないようなものであれば、何でもかまいません。**嫌な誘いは無理をするのではなく、賢く乗り切るに限ります。**

上手に断るにはYES／BUT法を使う

■すぐに断ると相手は気分を害する

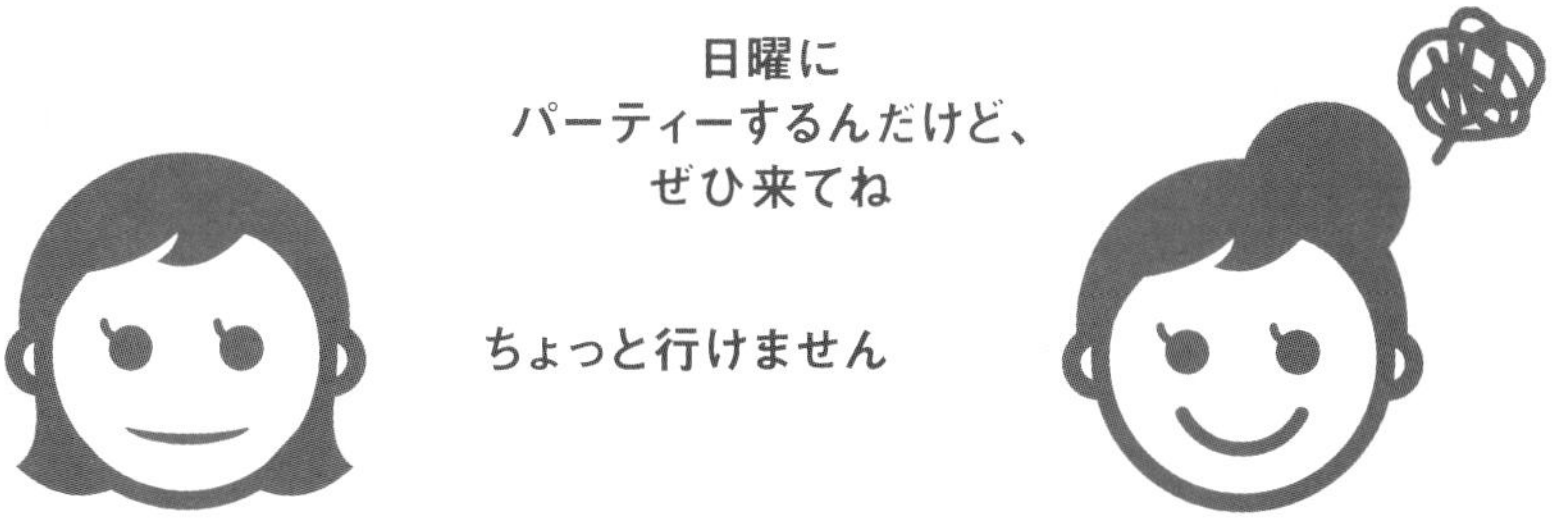
日曜に
パーティーするんだけど、
ぜひ来てね
ちょっと行けません

■一度ポジティブな答えをしその後で断る

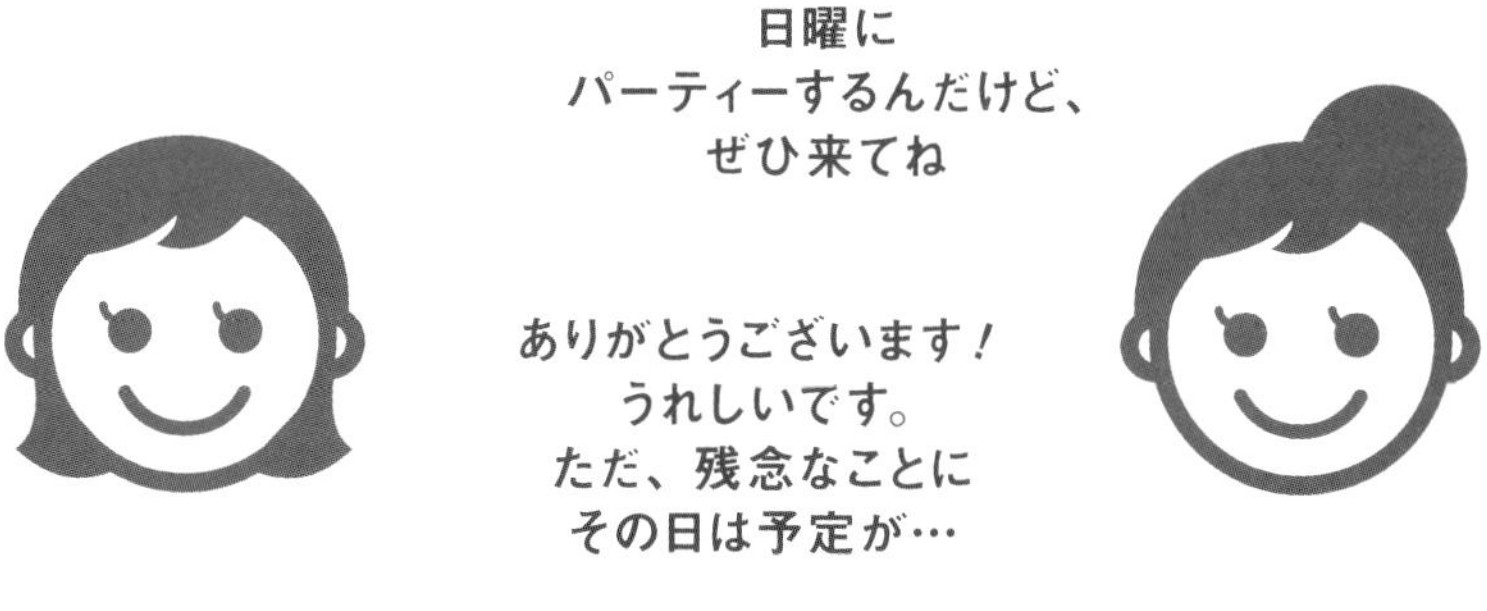
日曜に
パーティーするんだけど、
ぜひ来てね
ありがとうございます！
うれしいです。
ただ、残念なことに
その日は予定が…

- 相手からの誘いや提案を即答で断るのは、相手の気分を害してしまう
- その場合は一度ポジティブな回答（YES）をして、その後で断わりの答え（BUT）を言えば、相手の気分を害することが少なくなる
- 最後に「また誘ってください」というような言葉を添えるとなおよい（SNSやメールでも同じ）

STAGE 17

相手の愚痴を早めに切り替えさせる

マイナスをプラスに変える言葉で誘導する

誰かの相談に乗っているときや一緒にお酒を飲んでいるとき、愚痴を聞かされることがあります。会社や上司への不満、人付き合いの悩みなど、言っているほうは満足するのかもしれませんが、付き合わされるほうにしてみれば、あまり面白いものではありません。**精神的な負荷を考えても愚痴に付き合うのはストレスがたまりますので、早めに切り上げてもらったほうがいいでしょう。**

愚痴を聞かされているときに気をつけたいのは、**相手に共感の意思を示さないことです。**「気持ちはわかるよ」や「確かにそいつはひどいね」などと相づちを打とうものなら、相手は勢いづいてますます愚痴を続けるでしょう。

そんな愚痴を止めさせるには、相手のネガティブな感情をポジティブな方向に変えていくことです。そのためには、相手の話を違った方向に誘導する会話術が必要です。

例えば上司への不満をぶつけてくる相手なら、「部長も君の味方をしてくれたことがあったよね」というような言葉で、プラスのイメージの出来事を思い出させるといいでしょう。うれしかった出来事をイメージすれば相手の感情は落ち着き、前向きに考えられるようになるのです。

ネガティブからポジティブになるスイッチを

■愚痴を言う相手への共感は得策ではない

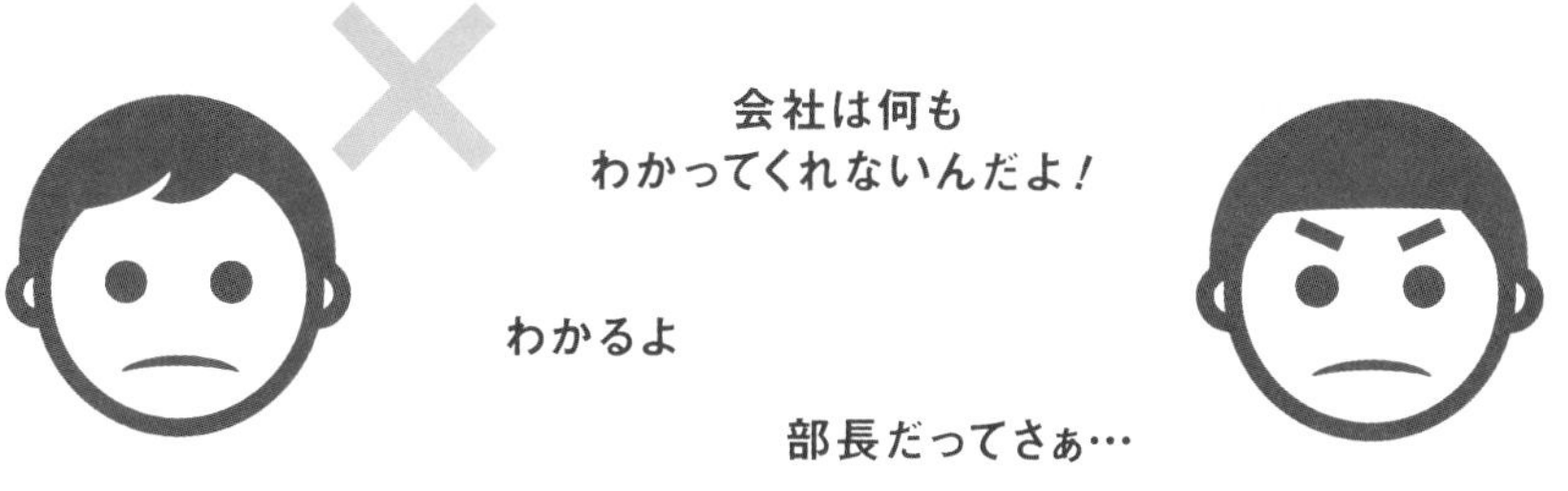
会社は何も
わかってくれないんだよ！
わかるよ
部長だってさぁ…

■楽しい思い出やよかった出来事の話になるよう誘導する

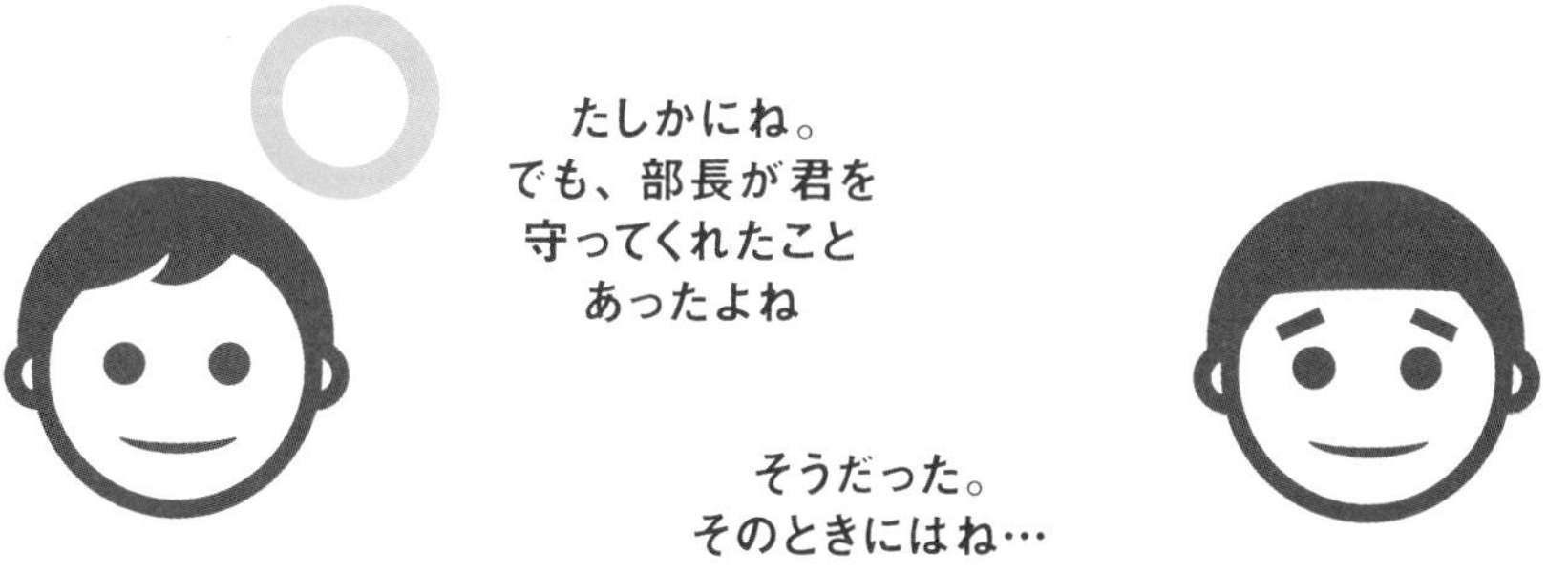
たしかにね。
でも、部長が君を
守ってくれたこと
あったよね
そうだった。
そのときにはね…

- 愚痴に共感するのは、相手の気持ちを増幅させ、
  その愚痴を延々と聞かされることになるので、プラスにはならない
- 相手の気持ちがポジティブになるように誘導し、
  前向きな話になるようコントロールする
- 相手が抱えている怒りの感情も収まっていき、
  落ち着いて話をするようになる

STAGE 18

クレーマーを撃退する対話術

相手のペースに乗せられることなく冷静な対応を

52ページでは正当なクレームへの対処法を紹介しましたが、こちら側のミスではないことに対して苦情を言うクレーマーもいます。**彼らは自分たちが抱いている不満をぶつけることを目的とし、さらには何かしらの要求（金品など）をしてくることもあります。**そんな人たちへの対応には細心の注意を払うべきです。

まず直接会って話をする場合、相手の話に相づちを打たないようにします。相づちを打って相手のペースに合わせては、話を盛り上げてしまうだけです。**冷静に淡々と話を聞きましょう。**

また、相手が大声を出したり威嚇《いかく》するような素振りを見せても、**決して怖がる素振りを見せてはいけません。**脅しが通用しないとわかれば相手は何もできなくなります。

そして、「責任をとれ」「誠意を見せろ」というような言葉を言ってきたら、「どのように責任を取ったらいいでしょう」「誠意とはどのようなものでしょうか」と冷静に質問で答えてください。ポイントは、**こちらから相手の望んでいるような答えを絶対に言わないこと。**必要以上の要求をすれば、恐喝罪になることは相手もわかっているでしょうから、一線を越えてくることはまずありません。

冷静な受け流しが効果的

■相づちは打たない

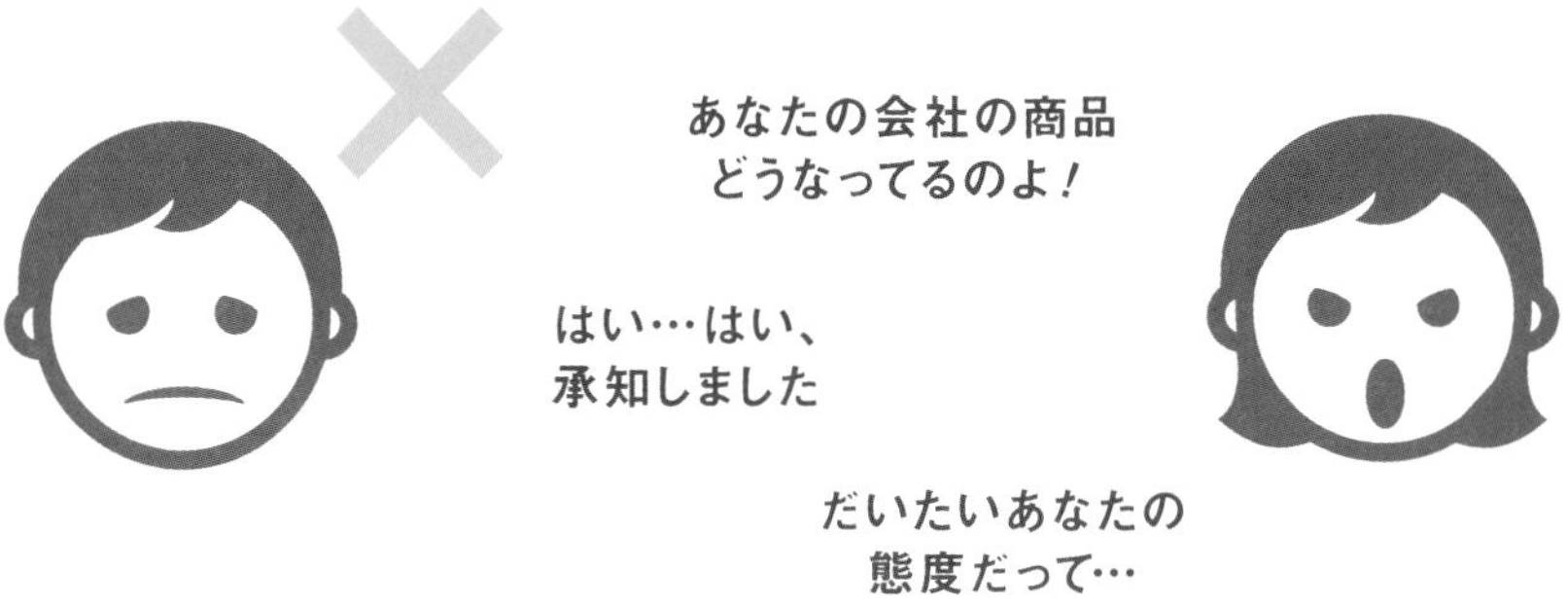
あなたの会社の商品
どうなってるのよ！
はい…はい、
承知しました
だいたいあなたの
態度だって…

・相づちを打つと、相手のペースに巻き込まれ、クレーマーを勢いづかせてしまう

■表情を変えずずっと聞き流す

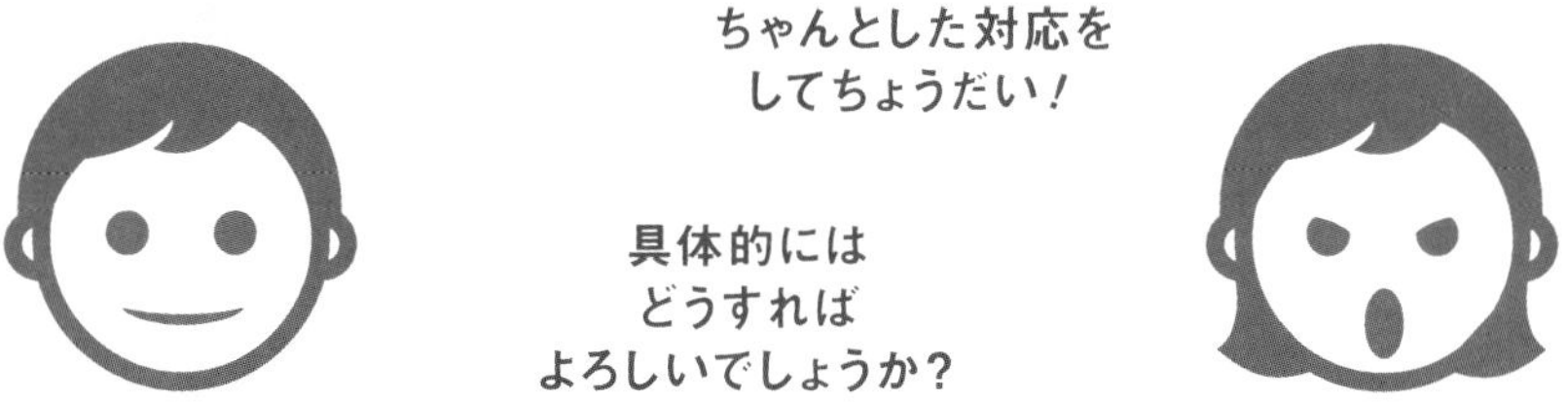
ちゃんとした対応を
してちょうだい！
具体的には
どうすれば
よろしいでしょうか？

・相手を怖がるそぶりを見せず、冷静に対応する
・「ちゃんとした対応をしろ」「誠意を見せろ」と言われたら、具体的にどうして欲しいのかを質問する
・脅しが通用しない、と相手に認識させることが重要

STAGE 19

一体感を高める「共通の敵」作戦

同じ方向を向いて ライバルと協力関係に

仕事や勉強、スポーツなどの分野でライバルの存在というのは大切です。「あの人には負けたくない」「あいつに勝ちたい」そう思うことが、努力に繋がり、自分を成長させてくれるのです。

しかしその闘争心が強くなるあまり、相手と敵対関係になってしまうのは問題があります。せっかくあなたと競争できるような能力のある人なのですから、必要なときには手を結んで他の人たちと戦えるような関係を作っておきましょう。

そんなときに有効なのが、「共通の敵作戦」です。例えば、同じ職場の同僚であれば物わかりの悪い上司を対象にして、「一緒に力を合わせて、あの上司をあっと言わせてやろう」というような協力関係を作るのです。不思議なもので、共通の敵ができるとふたりの間に絆ができてきます。これをうまく利用して、より大きなことができるようになるのです。

また、**協力関係になってからライバルが何か成果を上げたら、「やっぱりお前はすごいな」とほめておくことを忘れないようにしましょう。**あなたが負けを認めたことで相手のメラメラと燃えていたライバル心も収まり、よりよい協力関係を継続することができます。

共通の敵を作ることで絆が生まれる

■お互いライバル関係にあるような人も

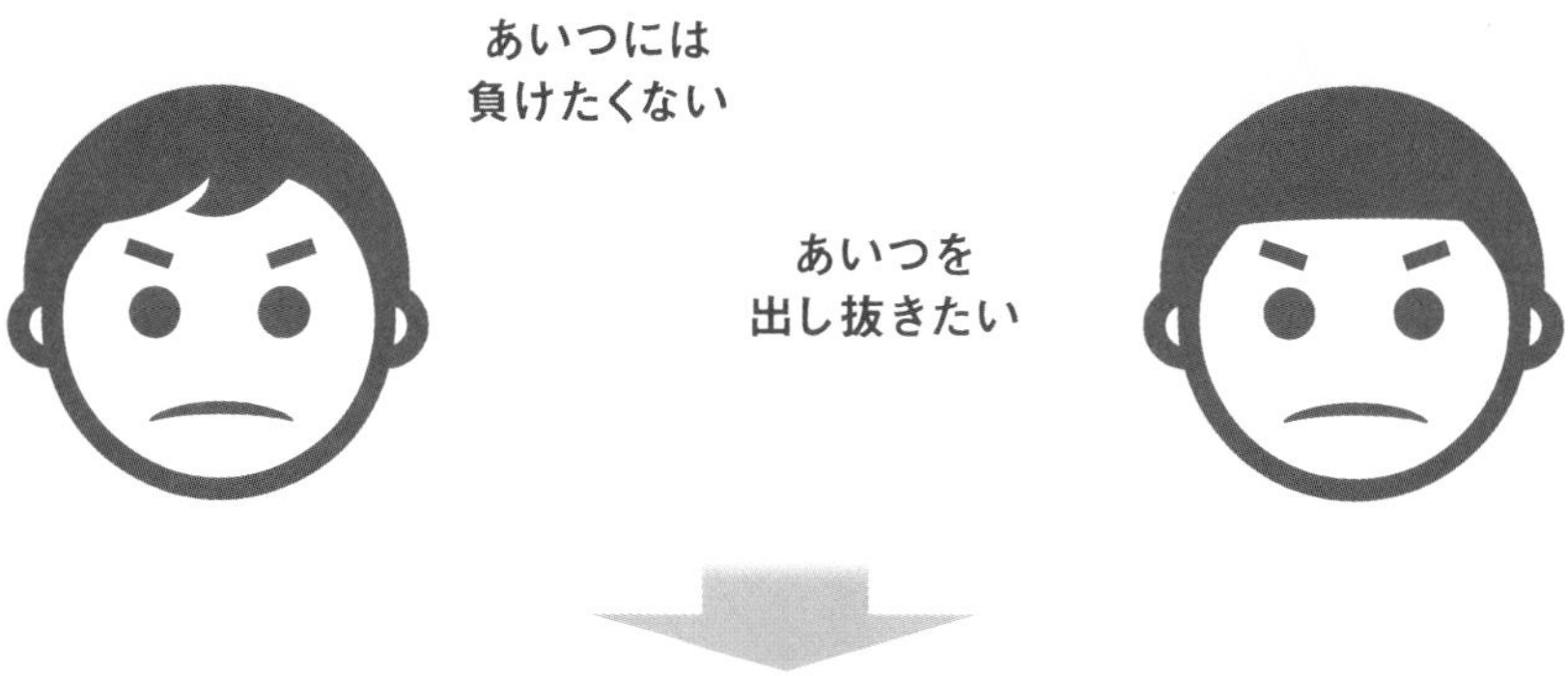

■共通の敵を作ることで同盟関係になる

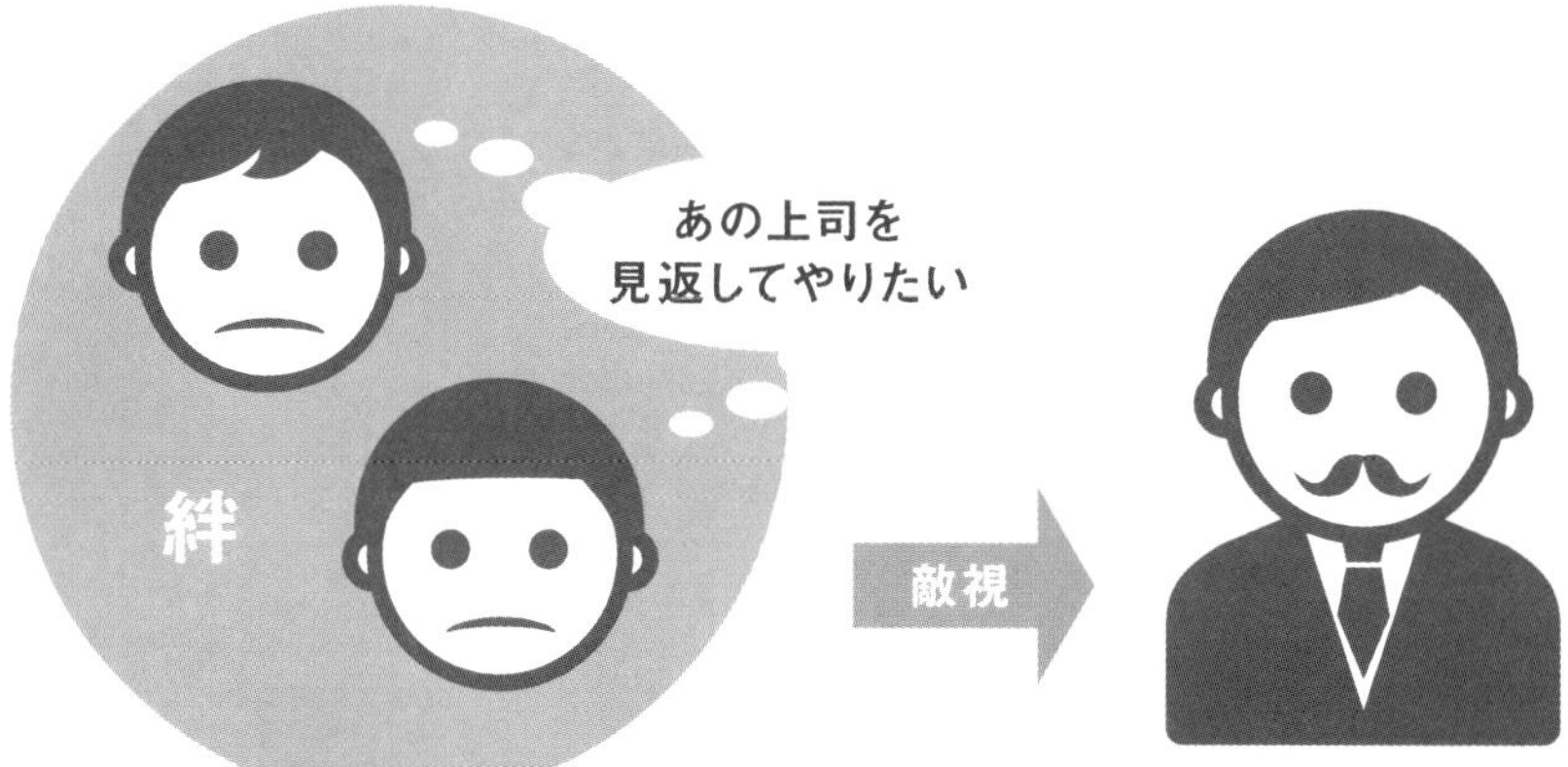

・共通の敵を見つけ、その対応などについて語り合うことで仲間意識が生まれる

・このようにして味方を増やしていく

STAGE 20

ほめてけなして無理な仕事を引き受けさせる

相手の「イラッ」を利用して頼みごとをする

人に仕事を依頼するときには、相手によって頼み方を変える必要があります。おとなしくて真面目なタイプなら、丁寧に手順を説明しながら難しそうなところはフォローしてあげるといいでしょう。また、少し大雑把な相手であれば、概要を説明して仕事を任せつつも小まめに経過報告をさせる必要があります。

そんななかでちょっと難しいのが、**自分はできる人間だと考えている野心家の人です。**そんな人には、**反発心や向上心に火をつけるような頼み方をしてみるのがいいでしょう。**ポイントは「ほめてけなすこと」です。

「いくら優秀な君でも、明日までにこのプレゼン資料をまとめるのは無理だよな」「交渉力がずば抜けている君でも、あのお客さんから注文取るのは無理だろう」というような言いかたをすれば、相手は、「イラッ」としながらも、プライドがありますから、「いえ、できます」と答えてくるでしょう。

このようにして仕事を依頼したときは、あとは静かに見守りましょう。細かな状況報告などは必要ありません。「全部君に任せた」というようにしたほうが、責任感を感じて熱心に仕事に取り組んでくれるのです。

やる気に火をつける「ほめてけなす」テクニック

■ただの依頼だと断られることも

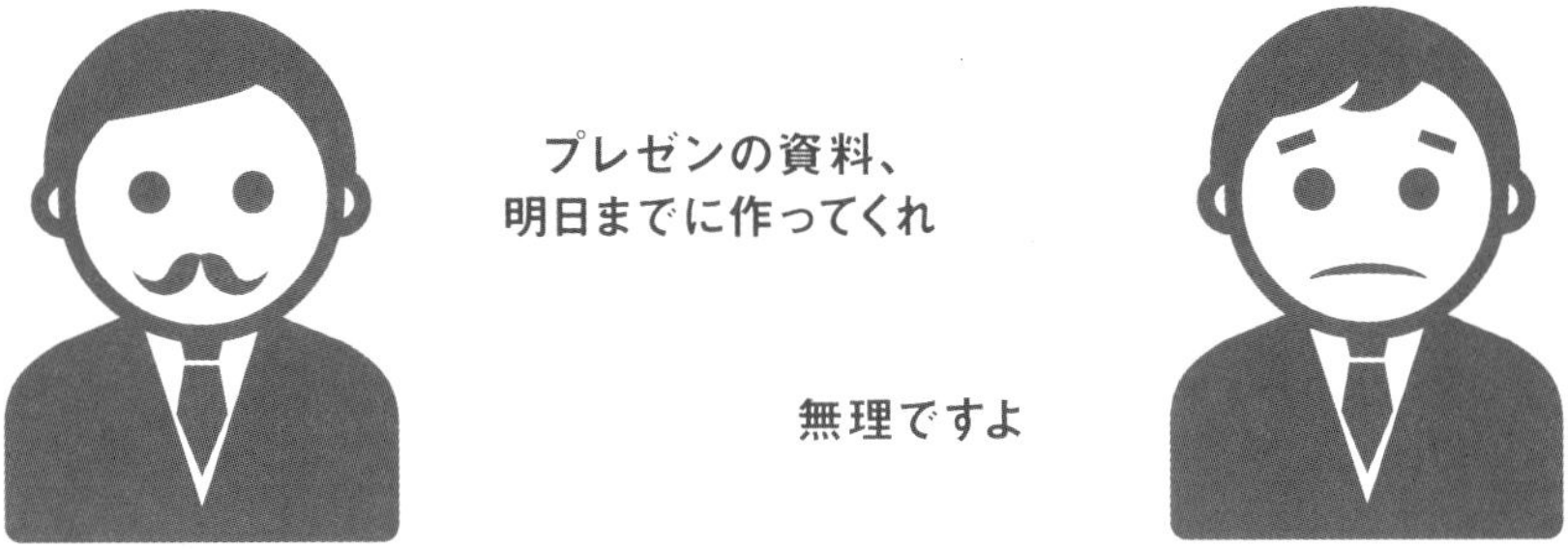
プレゼンの資料、
明日までに作ってくれ
無理ですよ

■ほめてけなすテクニックで引き受けさせる

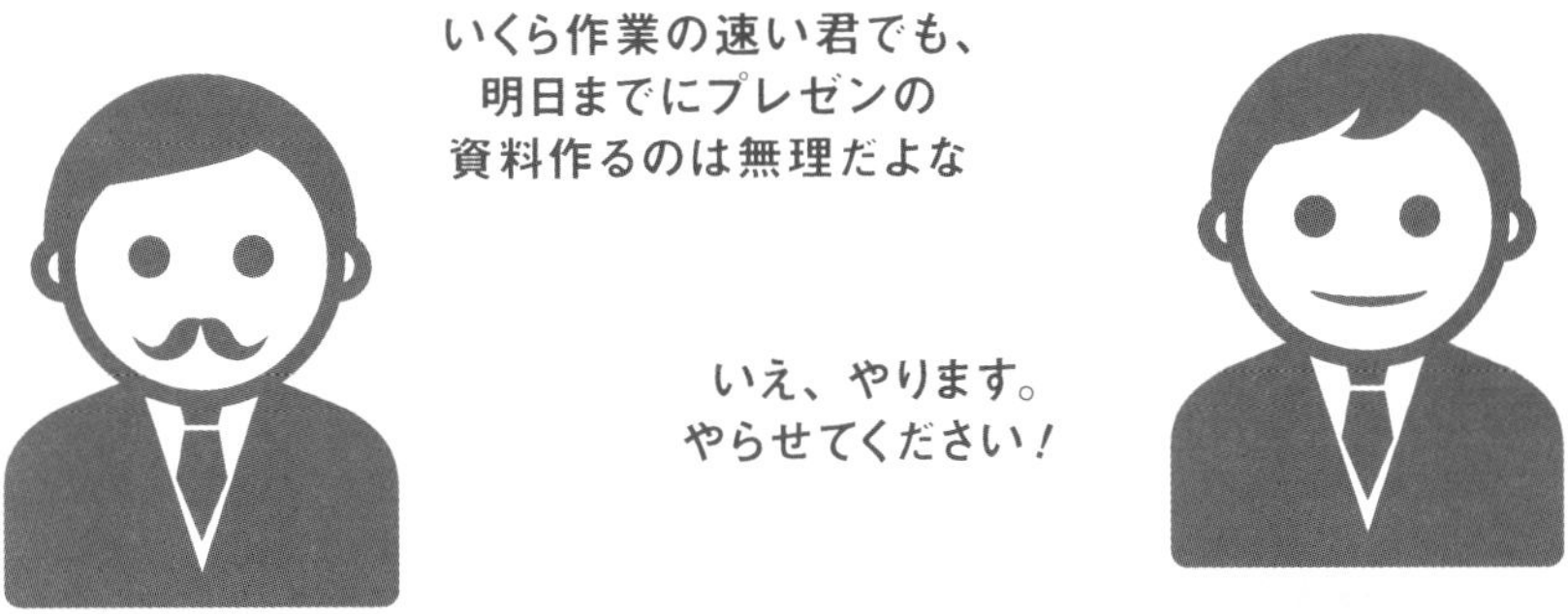
いくら作業の速い君でも、
明日までにプレゼンの
資料作るのは無理だよな
いえ、やります。
やらせてください！

- 人は、ほめてからけなされると、反発心が湧いてくる
- それを利用して、相手に依頼をする
- あとはひたすら見守るのがよい

STAGE 21

叱るときは YOUではなくIを使う

アイ・メッセージを使って対等な立場で叱る

部下や後輩が失敗をしたとき、ついつい頭に血が上ってしまうことがあります。しかしそこで声を荒げて怒ってしまうと、相手はそれに反発を強めて心が離れていってしまいます。

ビジネスの現場では、とにかく「怒る」のではなく「叱る」ようにしましょう。

そんなときに有効なのが「アイ・メッセージ」です。**アイ・メッセージとは、「私」が主語になる言葉のこと。逆に「あなた」が主語になるのは「ユー・メッセージ」と言います。**とにかく誰かを叱るときには、ユー・メッセージになりがちです。「あなたはどうしてこんなことができないの」「君は努力が足りないんだ」というように、**ユー・メッセージは批判的、断定的で、上からものを言っているように感じられます。**一方、「あなたがちゃんとしてくれないと私は悲しい」「君が成長してくれると私はうれしいんだ」といった**アイ・メッセージの場合、その印象は対等に話していることが感じられるため、相手にも受け入れられやすくなります。**

誰かを叱るというのは難しいものです。言葉を選びながら相手に反発心を持たれないようにして自分の感情を伝えましょう。

アイ・メッセージなら気持ちが伝わる

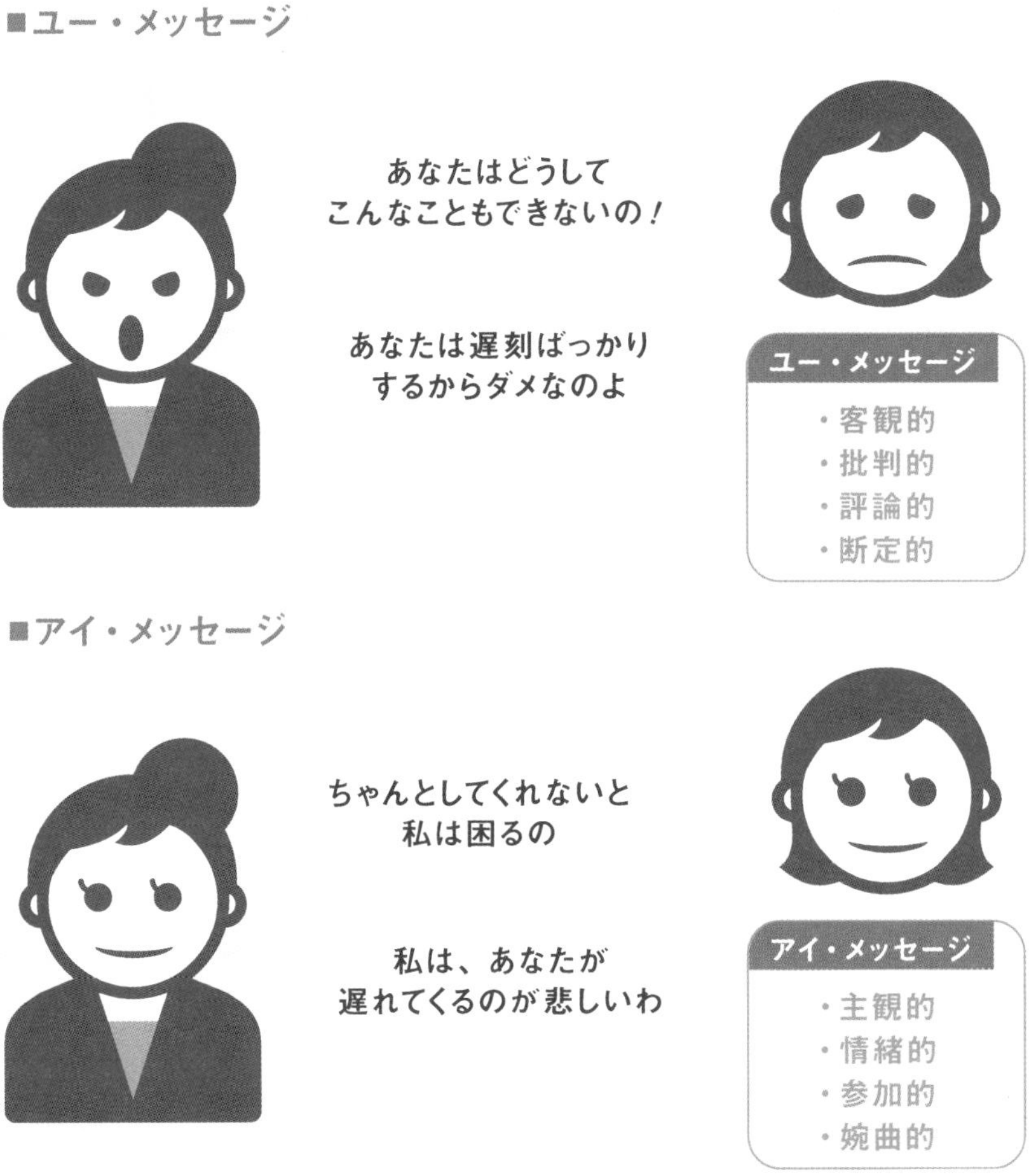
■ユー・メッセージ
あなたはどうして
こんなこともできないの！
あなたは遅刻ばっかり
するからダメなのよ
ユー・メッセージ
・客観的
・批判的
・評論的
・断定的
■アイ・メッセージ
ちゃんとしてくれないと
私は困るの
私は、あなたが
遅れてくるのが悲しいわ
アイ・メッセージ
・主観的
・情緒的
・参加的
・婉曲的

・人を叱るときは、「あなた」が主語のユー・メッセージではなく、「わたし」がどう感じているかといった、アイ・メッセージで伝える

・アイ・メッセージは、より相手の心に伝わり、反省を促すことができる

女性が「かわいい」を連発する理由

女性の「かわいい」は 相手に共感を求めている

女性はやたらと「かわいい」を連発します。男性からすると、「これの一体どこがかわいいの？」と思ってしまうような場合もありますが、実は女性が「かわいい」と発信するときは、相手に対して共感を求めているサイン。そのため男性は、素直に「かわいいね」と同調しておくのが正解です。そうすると、女性は共感してもらえたことがうれしくなり、心が満たされます。逆に「全然かわいくない」と否定すると、女性から「この人とは合わないな」と思われるので要注意。女性が見ているのはあなたが「かわいい」と思うかではなく、自分に共感してくれるかどうかなので、とくに意中の女性から「これ、かわいくない？」と聞かれた際は、無条件で「かわいい」と答えておきましょう。また、女性同士はよく「かわいい！」を言い合ったりしますが、これもお互いに「共感シグナル」を発信し合うことによる、一種のコミュニケーションといえます。

モデルの●●ちゃん
かわいいよねー
かわいい～！
わたしも大好き！

女性同士の「かわいい」＝共感シグナルの相互発信

第4章

相手を虜《とりこ》にする心理テクニック

STAGE 1

女性にモテる男性になるには

知っておきたい「男性脳」と「女性脳」の違い

物事をとらえる際、男性は結果に着目するのに対し、女性はプロセスを重視するとされています。モテる男性になるためには、**この男性脳と女性脳の違いを理解しておくことが大事です。**

例えば、女性があなたのために手料理をつくってくれたものの、味付けに失敗してしまったとしましょう。このとき、男性はつい「失敗した」という結果だけに着目してしまい、「こんなの食べられたものじゃないよ」などといって女性に嫌われてしまいます。

一方、**モテる男性は、女性脳特有のプロセス重視の思考が**できるため、たとえ結果は失敗だったとしても「僕のために一生懸命作ってくれたことがすごくうれしいよ」などといって、女性を喜ばせます。**結果ではなく、プロセスに対して感謝を伝える。これが、女性の心をつかむポイントなのです。**

また、彼氏のいる女性を狙う場合、自分も彼女がいることにして近づく作戦が有効。そうして、まずはお互いに恋人のことを話せる関係になります。男性は自分が恋人に対していかに優しくしているかを話すのがポイントです。やがて女性から恋人のことで相談されるようになったらしめたもの。相談に乗りつつ、仲を深めていきましょう。

男性脳と女性脳の違いを理解する

あなたの好きな
カレーを作ったんだけど
失敗しちゃった

男性脳＝結果重視

こんなの食べられた
ものじゃないよ

女性脳＝プロセス重視

僕のために一生懸命
作ってくれたことが
すごくうれしいよ

- 男性は結果を重視しがちなのに対して、女性はプロセスを重視する。
- 結果ではなくプロセスにフォーカスすることが女性に喜ばれるポイント

彼氏のいる女性を落とす3つのステップ

STEP1：自分も彼女がいることにする
架空の彼女をつくることで下心がないことをアピールし、相手の警戒を解く

STEP2：お互いに恋人のことを話せる関係になる
さりげなく自分が恋人に対していかに優しい男性かをアピールして好感度を上げる

STEP3：女性から恋人のことで相談されるようになる
相談に乗りつつ、ふたりで会う機会を増やして親密になる

STAGE 2

落ち込んでいる人をスッキリさせる方法

落ち込んでいる人に解決策やアドバイスは必要ない

友人や恋人が落ち込んでいたら、相談に乗って元気づけてあげたいと思うもの。

ただし、ここで注意したいのは、**相手を励まそうと解決策を示したり、自分の経験からアドバイスをしたりするのは、まったく的外れであるという点。**実は落ち込んでいる人、悩んでいる人が求めているのは、解決策やアドバイスではなく、ただ自分の気持ちに寄り添って話を聞いてくれる存在なのです。

実際、人の悩みを聞くプロである心理カウンセラーも**「傾聴」**という手法を使って、相談者の悩みに寄り添っています。これは、**悩みを解決するためのアプローチは一切行わず、ただ話を聞いて共感してあげるというもの。**悩んでいる人の多くは、とりあえず自分の問題を誰かに聞いてほしいという思いが強いのです。

したがって、落ち込んでいる人の相談に乗る場合、「どんな言葉をかけよう」などと考える必要はありません。**余計な口を挟んだりせず、ただうなづいて共感してあげればよいのです。**誰かに話を聞いてもらって、心にあるモヤモヤを吐き出すだけでも、悩んでいる人は案外スッキリとして、前向きになれたりするものなのです。

落ち込んでいる人には「励まし」より「共感」が大事

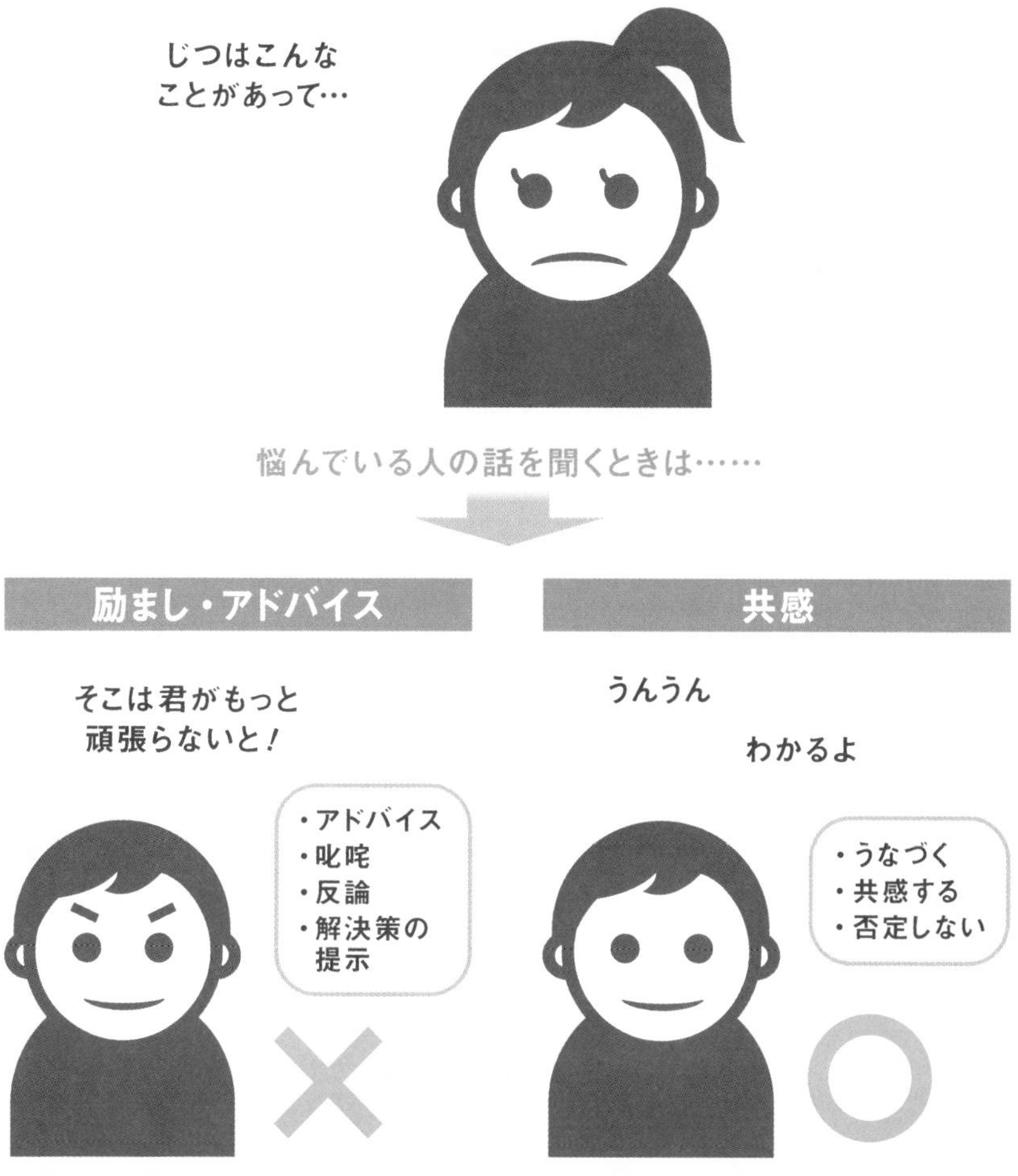
じつはこんな
ことがあって…
悩んでいる人の話を聞くときは……
励まし・アドバイス
そこは君がもっと
頑張らないと！
・アドバイス
・叱咤
・反論
・解決策の
提示
共感
うんうん
わかるよ
・うなづく
・共感する
・否定しない

余計な励ましやアドバイスは
逆にプレッシャーになる場合も

ただ聞いてあげるだけで
相手は心がスッキリする

・相手の悩みに寄りそうにはひたすら聞き役に徹するべし

STAGE 3 人を励ますときの3つのテクニック

勇気や元気を引き出すための心理テクニック

大きなプロジェクトのリーダーを打診されたけど、うまくやり遂げる自信がなくて、引き受けるかどうか迷っている……。このように、**挑戦することをためらっている人を奮い立たせたいときに効果的なのが、相手のプライドを鼓舞する言葉**。「これはきみの真価を発揮するチャンスだ」「ここで怖気づくようなヤツじゃないだろ」など、人は自分のプライドを刺激される言葉をかけられると、やる気が奮い立たされて、チャレンジする勇気が湧いてきます。迷っている相手の背中を押してあげたいときに、ぜひ試してみましょう。

ミスをして落ち込んでいる相手には、思考の枠組みを変えさせる言葉をかけるのが有効。これは**「リフレーミング」**と呼ばれる手法。例えば「今回のミスがあったからこそ、スキームの問題点を発見できた」など、ネガティブな出来事も視点を変えることで、なにかしらポジティブな面が見えてくる場合があります。また、ケガなどの不運に見舞われた人に対して、「下手をすれば死んでいた可能性だってあった」といったように、最悪の事態を想定させて、**相対的に「このぐらいで済んでよかった」と思わせるのも元気づけるのに有効な方法のひとつです**。

人を元気づけるための会話テクニック

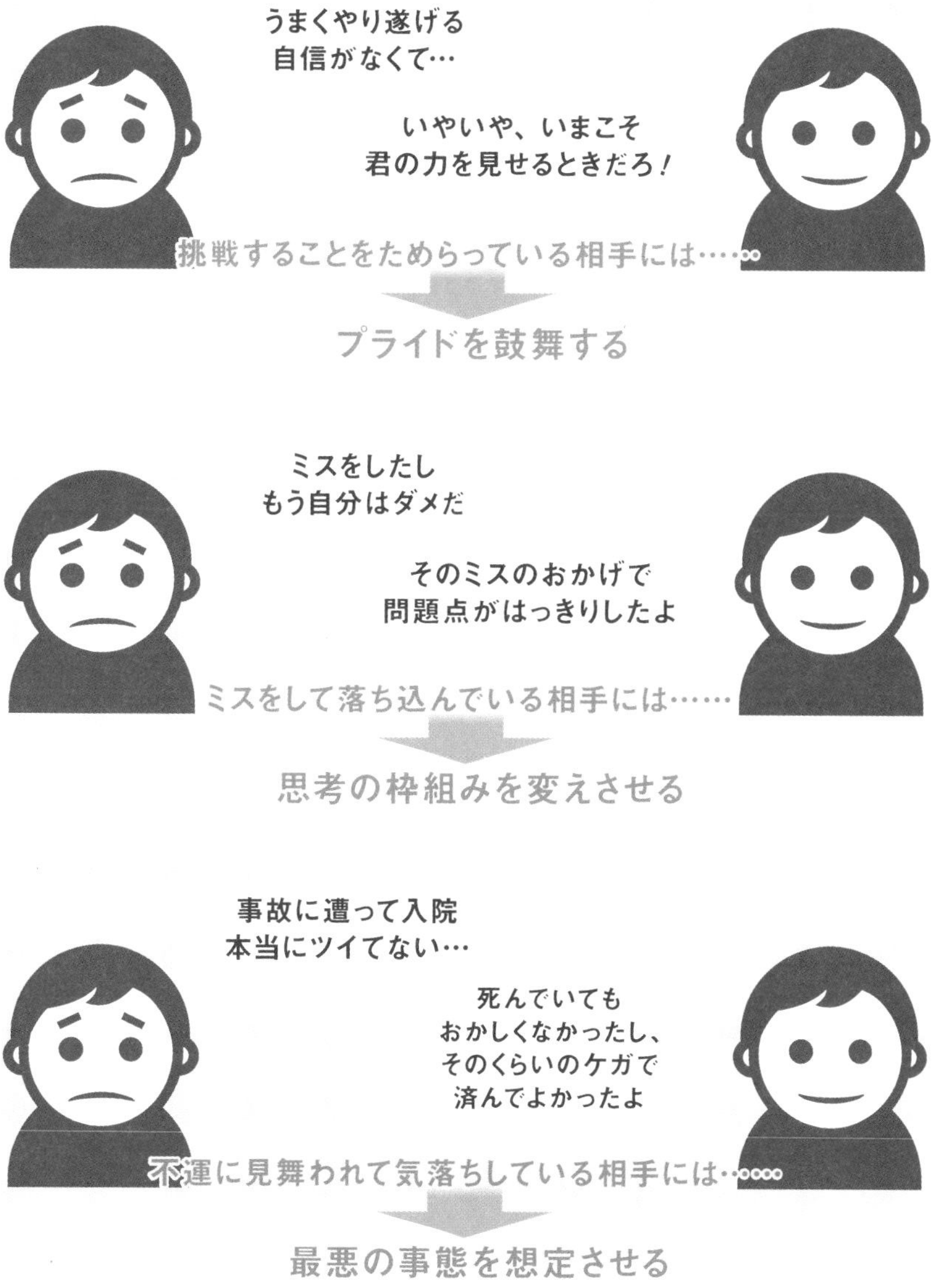
うまくやり遂げる
自信がなくて…
いやいや、いまこそ
君の力を見せるときだろ！
挑戦することをためらっている相手には……
プライドを鼓舞する
ミスをしたし
もう自分はダメだ
そのミスのおかげで
問題点がはっきりしたよ
ミスをして落ち込んでいる相手には……
思考の枠組みを変えさせる
事故に遭って入院
本当にツイてない…
死んでいても
おかしくなかったし、
そのくらいのケガで
済んでよかったよ
不運に見舞われて気落ちしている相手には……
最悪の事態を想定させる

STAGE 4

彼氏になりたいなら よき相談相手になるべし

悩みを聞いて共感することで特別な存在に

もしあなたに好きな子がいて、その彼氏になりたいなら、まずはよき相談相手になることをオススメします。

人は誰しも自分に共感してくれる、理解者となってくれる人がいるというのは、大きな心の支えになるものです。辛いときや悲しいときに側に寄り添い、話を聞いてくれる存在は、当然ながらその人にとって好意の対象となります。

さらに、人は落ち込んでいるときに優しくされると、普段よりも余計にうれしく感じるものです。つまり、**悩みを聞いて共感してあげるだけで、相手との心理的距離感が縮まり、やがて特別な存在に近づくことができるというわけです。**

また、悩みを聞くときは座る位置関係に気を配るとより効果的です。38ページでも解説したように、向かい合って座る場合、正面だとお互いに緊張感が高まるので、少しずれた位置に座るのが相手をリラックスさせるコツ。また、**人は右耳から入る情報を優先的に処理する傾向があるので、隣同士で座る場合は相手の右側に座るようにしましょう。**

この人といると安心できる……そんなふうに相手が思うようになれば、友人から恋人になるのも時間の問題でしょう。

よき理解者になることで親密さがアップ

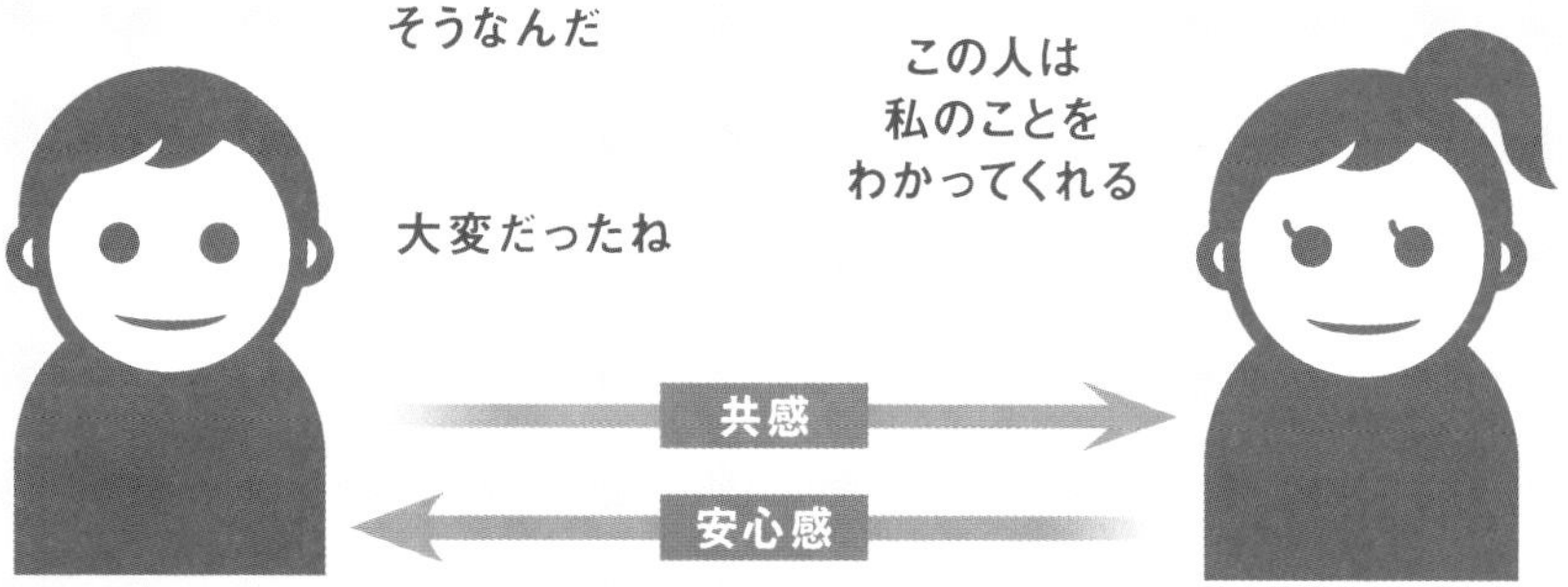
そうなんだ
大変だったね
この人は
私のことを
わかってくれる
共感
安心感

相手の悩みを聞いてあげることで……

①相手は自分に共感してくれる、理解者となってくれる人がいるという安心感を得られる

②落ち込んでいるときに優しくされると普段よりもうれしく感じる

■悩みを聞くときの座り位置

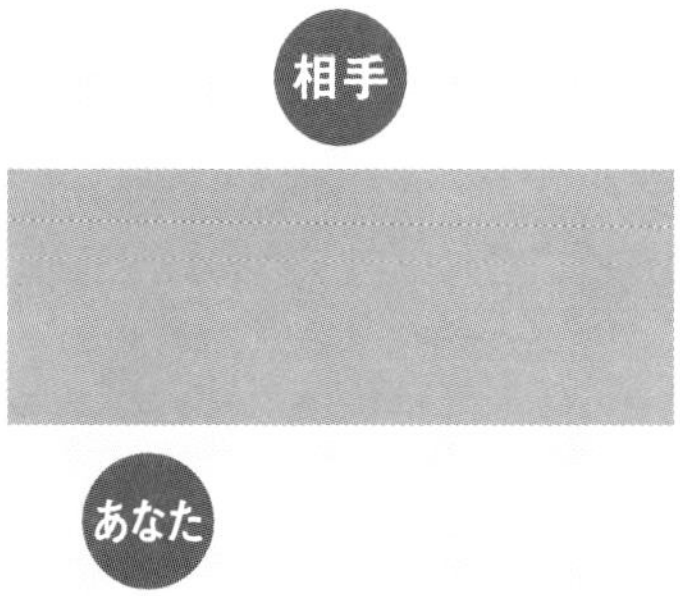
相手
あなた

少し斜めにずれた位置に座る

正面に座るとお互いに緊張感が高まる。少しずれた位置に座るのが相手をリラックスさせるコツ

相手
あなた

横並びは右隣に座る

人間は右耳から入る情報を優先的に処理する傾向がある。隣同士で座る場合は相手の右側に座るのが正解

STAGE 5

頭をなでられるとうれしいはつながっている

頭をなでられて「怒られた」と思う人はまずいません。多くの人は「ほめられた」「励まされた」と感じ、うれしく思うはずです。これは、私たちが子どものころから「頭をなでられる＝ほめられている」という認識のもとで生活してきたことに起因しています。小さなころから繰り返し経験してきたことで、**頭をなでられると自然とうれしい感情が呼び覚まされるというわけです**。

頭をなでるという「動作」と、うれしいという「気持ち」を結び付けているのは、ほめられているという事実。心理学では、この「動作」と「気持ち」がセットになるのは、**「連合の原理」**として知られています。

「動作」と「気持ち」をつなげる仕組み

女性のボディタッチに比べて、男性から女性へのボディタッチというのはかなりハードルの高いものです。ただ、ひとつだけ使えるテクニックがあります。

それは、**女性の頭に軽く手を乗せて、優しくポンポンとなでる「頭ポンポン」**。もちろん、ある程度、相手が自分に好感を持っていることが前提ですが、落ち込んでいるときにこれをやられると、「自分を思いやってくれている気がしてうれしくなる」と感じる女性が多いのです。

頭をなでられるとなぜうれしいのか

よくできたね
えらいえらい
ほめられて
うれしい！

子どものころから

頭をなでられる
↓
ほめられている
↓
うれしい

を繰り返し経験

そのため頭をなでられると
自然とうれしい感情が
呼び覚まされる

■ただし、それほど親しくない相手にはNG

よくがんばったな
やめてください

頭をなでる行為には身体的接触が生じるため、普段から親しい間柄でないと逆に嫌悪感を抱かせてしまう。また、セクハラととらえられる場合もあるので注意

STAGE 6

男性と女性の「なんでもいい」は違う

「なんでもいい」と言いつつ提案を却下する女性心理

デート中、彼女に「なにが食べたい？」と聞くと「なんでもいいよ」との返事。それならばと、ラーメンを提案すると、彼女からは「脂っこいから嫌だ」との答えが……。

男性からすると、「なんでもいいって言ってたじゃん！」と腹立たしくなりますが、実は男性の「なんでもいい」と**女性の「なんでもいい」は同じようで違うのです。**

男性が「なんでもいい」と言う場合、ほとんどはこだわりがなく本当になんでもいい意味合いで使います。しかし、**女性の「なんでもいい」は、あくまで「自分が気に入るものなら」という条件付き。**だからこそ、「なんでもいい」と言いながら男性からの提案をあっさりと却下することがあるのです。

したがって、男性は却下されてもイライラせず、いろいろと提案して付き合ってあげるのが優しさです。また、女性自身、「自分もなにが気に入るのか言われてみないとわからない」なんて場合もあるので、**「なにが食べたい？」ではなく、「和食と洋食ならどっち？」と大まかな選択肢を提示し、そこから具体的に絞り込んでいくと、スムーズに決められたりします。**

女性の「なんでもいい」は条件付き

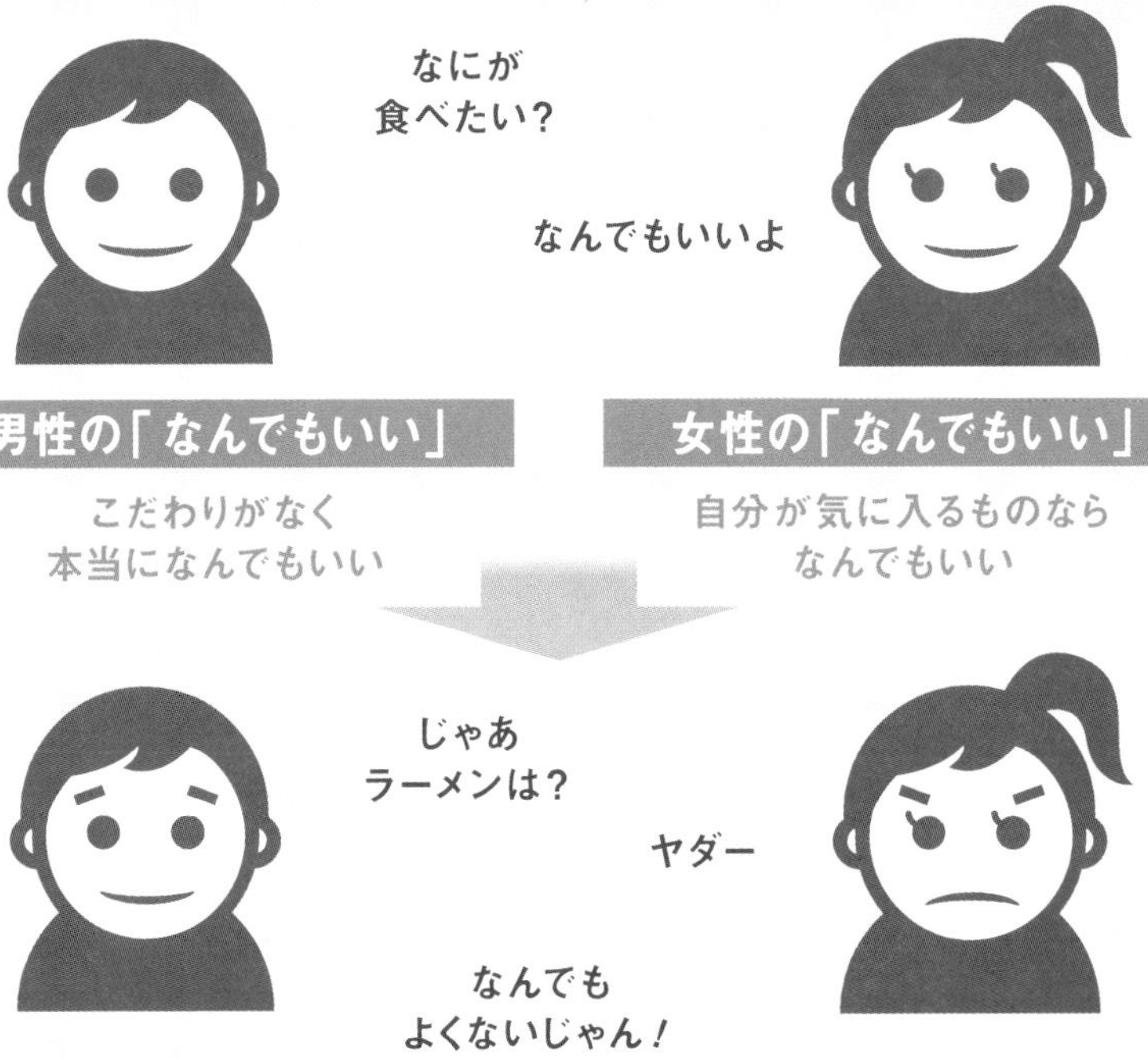
なにが
食べたい？
なんでもいいよ
男性の「なんでもいい」
こだわりがなく
本当になんでもいい
女性の「なんでもいい」
自分が気に入るものなら
なんでもいい
じゃあ
ラーメンは？
ヤダー
なんでも
よくないじゃん！

女性の「なんでもいい」はあくまで条件付きなので、
男性からの提案を普通に却下することがある

和食と洋食なら
どっちの気分？

・「なにが食べたい」ではなく、「和食と洋食ならどっち？」と
選択肢を提示することがスマートにエスコートするコツ

STAGE 7

男女で違う 失恋からの立ち直り方

失恋時の男女特有の行動

友人が失恋して落ち込んでいる場合、あなたはどんなふうになぐさめようと考えるでしょうか。実は失恋したときに立ち直るための方法は、男女によって違いがあります。

一般的に男性はヤケ酒や趣味に没頭するなど哀しい気持ちを発散する行動を好みます。「いまの自分なら別れを告げられても仕方がない」と自己否定をともなうのも男性に多い特徴です。

一方で女性は、ふたりの思い出を振り返ったり、悲恋をテーマとしたドラマを観て涙を流したりと、**とにかく哀しみのどん底にどっぷりと浸かります。「せめて最後に一言謝りたい」といった罪悪感に近い感情を抱くのも特徴とされています。**

そのためなぐさめる相手が男性ならば一緒に騒ぐ、遊ぶといったアプローチ、女性ならば思い切り泣けるようなアプローチでなぐさめてあげたほうが、当事者も満足できるでしょう。

なお、恋愛関係の解消には左ページに示した4つのステップがあり、④の「埋葬段階」を完了することで、前の恋人のことを完全に吹っ切ることができます。失恋を忘れるには新しい恋が一番と思っても、「埋葬段階」が終わるまではなかなか次の恋へと進むのは難しいのです。

失恋したあとの男女の違い

男性の場合

騒ぐ、趣味に没頭するなど
哀しい気持ちを発散しようとする

スポーツなどの趣味

ヤケ酒

ドライブ

女性の場合

失恋した事実と哀しい気持ちにどっぷり浸かる

思い出に浸る

恋愛ドラマを観て泣く

友人や家族に話す

恋愛関係の解消のための4ステップ（男女共通）

①内的取組段階 ……不満やストレスをひとりで抱え込む
②関係的段階 ………不満をパートナーにぶつけ関係の改善を図る
③社会的段階 ………修復不能であれば別れを決め、周囲に公表する
④埋葬段階 …………思い出を振り返り、葬ることで関係を清算する

STAGE 8

「この人を支えてあげたい」と思わせるには

普段の姿とのギャップに女性はグッとくる

女性を落とすテクニックに「母性本能をくすぐる」というものがあります。母親が子を思うように、「この人を守ってあげたい」とスイッチが入ると、相手に対して深い愛情が芽生えるのです。

では、母性本能をくすぐるスイッチはなにかというと、それはズバリ「哀愁」です。とはいえ、いつもクヨクヨしていればいいというわけではありません。大事なのは、普段の自分の姿と「弱っている」「哀しんでいる」姿とのギャップ。普段は元気な子犬が雨に濡れて震えていると、誰しも「抱きしめてあげたい」と思うのと同じです。

なにか失敗したときや哀しいとき、ポツリと漏らす弱音に多くの女性は母性本能をくすぐられます。普段、明るいキャラだったり、強気なキャラの人が言うと、より効果的でしょう。

また、**母性本能は疲れた姿や無防備な姿にも反応します。**普段はクールなのに、甘いものを食べるときは子どものような笑顔をする、なんていうのは女性がグッとくるポイントのひとつ。ただ、普段のあなたを知らないと当然ながらギャップもなにもありません。このテクニックを使うなら、友人や職場の同僚など、ある程度普段から交流のある相手にターゲットを絞りましょう。

ギャップが母性本能をくすぐる

普段は元気な子犬が

雨に濡れて震えている

抱きしめて
あげたい！

普段とのギャップに
女性は母性本能をくすぐられる

これを応用すると……

- 普段は明るいのに仕事で
  失敗して落ち込んでいる
- 強気な性格なのに
  ポロッと弱音を吐いた
- いつもクールなのに
  甘いものを食べてうれしそう
- 仕事はバリバリこなすのに
  プライベートは不器用
- しっかり者なのに
  ふたりになると甘えてくる

- ふとした瞬間にダメな部分や弱みを見せることで
  女性の心をキュンとさせる

STAGE 9

女性の涙に慌てる必要はない

女性に泣かれたときの適切な対処法は?

仕事でミスをした女性社員に注意していると、突然彼女の目から涙が……。仕事でもプライベートでも女性の涙に困らされたという経験がある人もいるのではないでしょうか。こちらとしては、冷静に気を付けてほしいことを伝えただけで、キツイ言い方をしたつもりもないのですが、目の前で泣かれると自分が悪者のような気がしてきます。

女性が職場で泣くのは、男性よりも感情的になりやすいことが理由です。実際、アメリカのデータでは、人が1年間で泣く回数は男性が6～17回なのに対し、女性は30～64回と圧倒的に多くなっています。男性なら「ここで泣くのはマズイ」とガマンする場面でも、感情を抑えきれずつい涙を流してしまうのです。**また、女性は感情が高まりすぎると、自分でもなぜ泣いているのかわからないという状態になることもあります。**

この場合の対処法は、涙が止まるのを黙って待つことです。下手に声をかけると感情が刺激されて、さらに興奮状態になる場合もあるので要注意。泣くと副交感神経が活発になり、リラックスした状態になるため、次第に心も落ち着きを取り戻します。相手が平静を取り戻したら、あらためて話を進めるとよいでしょう。

女性の涙は冷静に対処

1年間で泣く回数

▼アメリカの心理学者のデータ▼

男性が泣く回数…6～17回
女性が泣く回数…30～64回

もともと女性のほうが
泣く回数が多い傾向にある

女性が泣くときの心の中は……

・悔しい、哀しいなどさまざまな感情がうずまいている
・自分でもなぜ泣いているのかわからない場合もある

涙を流すことで感情の高ぶりが収まり、
いずれ落ち着きを取り戻せる

……

うう…

・冷静に
・泣き顔は見ない
・落ち着くまで黙る

・下手に声をかけると感情が刺激され、さらに興奮状態になる可能性も

・女性に泣かれたら慌てずに涙が止まるのを
黙って待つのが賢明な方法

STAGE 10

仲良くなるための5つのステップ

「親密化過程」を理解して さらに深い関係になる

人が仲良くなるには「親密化過程」という5つのステップがあります。これを理解しておけば、親密になりたい相手と自分はいまどの段階にいるのか、さらに踏み込んだ仲になるにはなにが必要かを把握できるので、うまく役立てましょう。

■**第1段階＝出会い**：外見や身だしなみなどの外見的要素、フレンドリーさや協調性などの性格的要素、地位や肩書などの社会的要素の3つで構成されます。個人に対するイメージの7～8割はここで決定されるため、かなり重要です。

■**第2段階＝親近化**：顔を合わせる、メールをする、SNSでやり取りをするなど、コンタクトが増えるほど相手に対する親近感が湧きます。

■**第3段階＝定着化**：趣味嗜好が似ている、世代が同じなど、共通点や類似点が多いほど親密さが増します。あらかじめ情報収集をしておけば、一気に親しくなることも可能です。

■**第4段階＝安定化**：ふたりの相違点が仲を深めるのに役立つ段階です。行動派と理論派など、個性の違いが互いを惹きつける魅力となります。

■**第5段階＝相互理解**：お互いの秘密を明かし、共有できる段階。非常に強い結びつきをもたらします。

他人同士が仲良くなる「親密化過程」

1 出会い

外見、性格、肩書で第一印象が決定される。個人に対するイメージの7〜8割はここで決まる

はじめまして

2 親近化

顔を合わせる、メールをする、SNSでやり取りするなど、コンタクトが増えるほど親近感が湧く

3 定着化

共通点・類似点によって一気に親密になる

あのバンド
最高だよね！
わたしも
大好き！

4 安定化

自分と相手の相違点を知り合うことが魅力となり、互いの価値を高め合える

5 相互理解

「じつはね……」とお互いの秘密を明かし、共有できる仲

じつはね…
わたしも…

STAGE 11

相手の真似をして好感度を上げる

「この人とは気が合う」と思わせるテクニック

価値観や考え方が似ている、趣味や笑いのツボが同じなど、人は「自分と似ているな」と思う相手に親近感を持ちます。心理学では**「類似性魅力理論」**と呼ばれる現象で、これを利用して**相手と親しくなる方法として「ミラーリング」と呼ばれるテクニックがあります。**

やり方は簡単で、相手がうなづけば自分もうなづく、笑ったら自分も笑う、飲み物を飲んだら自分も飲む、といったように、**合わせ鏡のように相手の動作を真似るだけ。**

動作を同調させることで、相手は知らず知らずのうちに「自分とこの人は似ているんだ」と意識し、「一緒にいて楽しい！」と感じるようになるのです。

また、ミラーリングは動作だけでなく言葉でも有効。「うれしい」「楽しい」など相手が発したフレーズをオウム返ししても同じ効果が得られます。この人と親しくなりたいと思ったら、意識してやってみるとよいでしょう。

ただし、**相手に「自分の真似をしている」と気づかれてしまった場合は効果はありません。**やり過ぎないよう、あくまでもさりげなく真似するのがポイントです。

ミラーリングを駆使して好感度をアップ

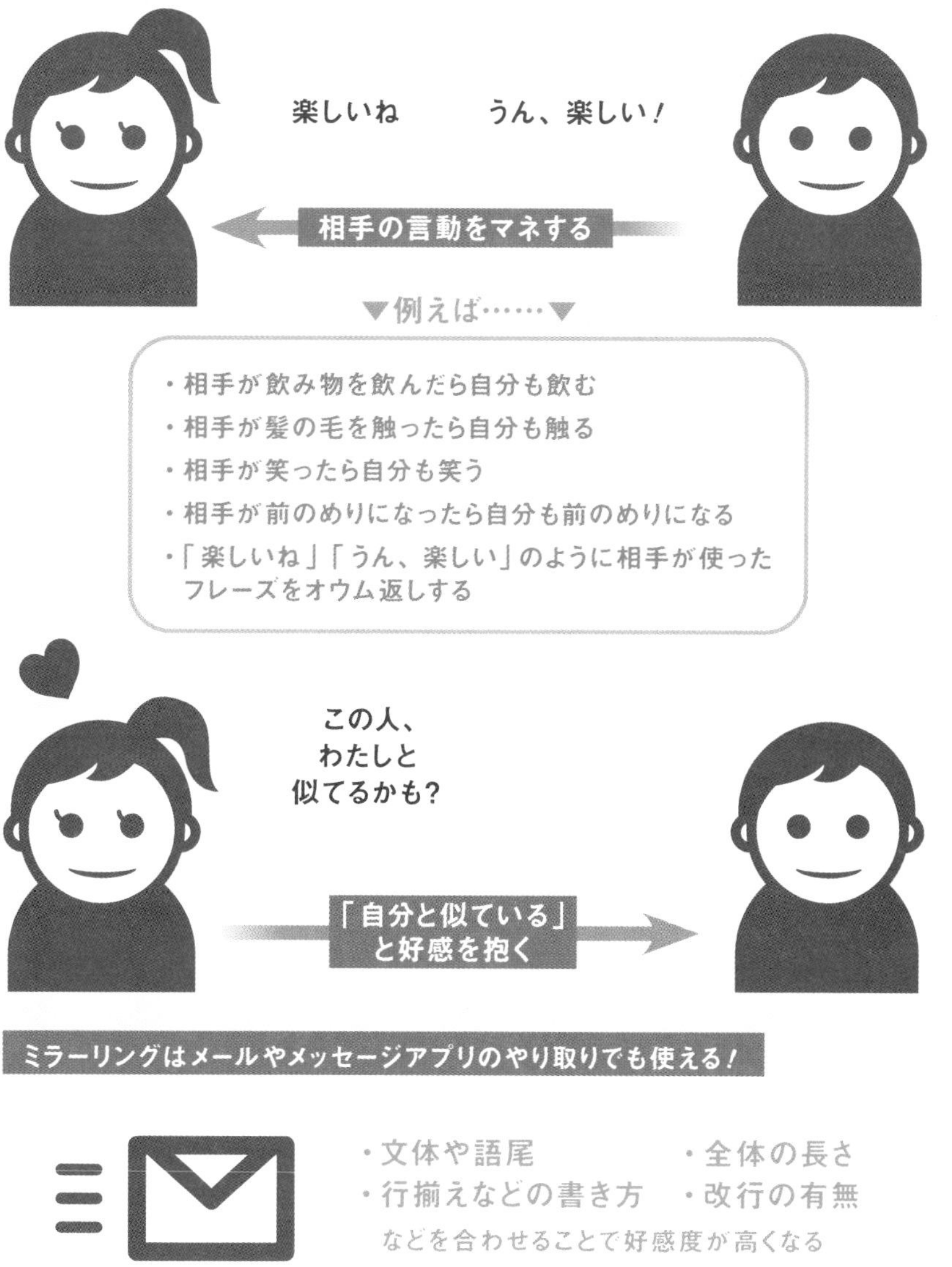
楽しいね
うん、楽しい！
相手の言動をマネする
▼例えば……▼
・相手が飲み物を飲んだら自分も飲む
・相手が髪の毛を触ったら自分も触る
・相手が笑ったら自分も笑う
・相手が前のめりになったら自分も前のめりになる
・「楽しいね」「うん、楽しい」のように相手が使ったフレーズをオウム返しする
この人、
わたしと
似てるかも?
「自分と似ている」
と好感を抱く
ミラーリングはメールやメッセージアプリのやり取りでも使える！
・文体や語尾
・全体の長さ
・行揃えなどの書き方
・改行の有無
などを合わせることで好感度が高くなる

STAGE 12

笑顔の真偽の見抜き方

心からの笑顔とつくり笑いの違い

合コンや取引先との商談など、相手の笑顔が心からのものか、つくり笑いなのかは気になるところです。この笑顔のウソとホントを見分けるには、いくつかのポイントがあります。

一般的に楽しい、面白いと感じているときの笑顔は上まぶたが下がり、目尻にシワが寄り、口角と目の距離が近づきます。一方、つくり笑いの場合は目尻にシワが寄らず、頬の筋肉が本当の笑顔ほど持ち上がりません。また、唇の片方だけ上がる、片目だけ薄目になるなど、**笑顔が左右非対称のときは、軽蔑の笑いを示しています**。この表情が確認できたら、会話の軌道修正が必要でしょう。

瞳孔も確認したいポイントのひとつ。人は好きなものや強い関心があるものを見たときは、瞳孔が大きく開きます。あなたを見て、**相手の瞳孔が開いたらそれは魅力的だと思われている証拠**。ただし、瞳孔は不安や驚きなどで交感神経が刺激された場合にも反射で大きく開くので、表情と併せてチェックすることが大事です。

そのほかにも口元や姿勢で、相手が本当に楽しんでいるのかを判断することができます。もし、ウソの笑顔を見せているなら、話題を変えるなどして、再び反応をチェックしてみましょう。

本当の笑顔とウソの笑顔の違い

瞳孔

好きなものを見たときや目に入ったものに強い関心があるときは瞳孔が大きく開く

口元

一般的に楽しいときは、唇の間からわずかに歯が見えるくらい軽く口を開いている。反対に口元がきゅっと閉じていたら心を閉ざしているサイン

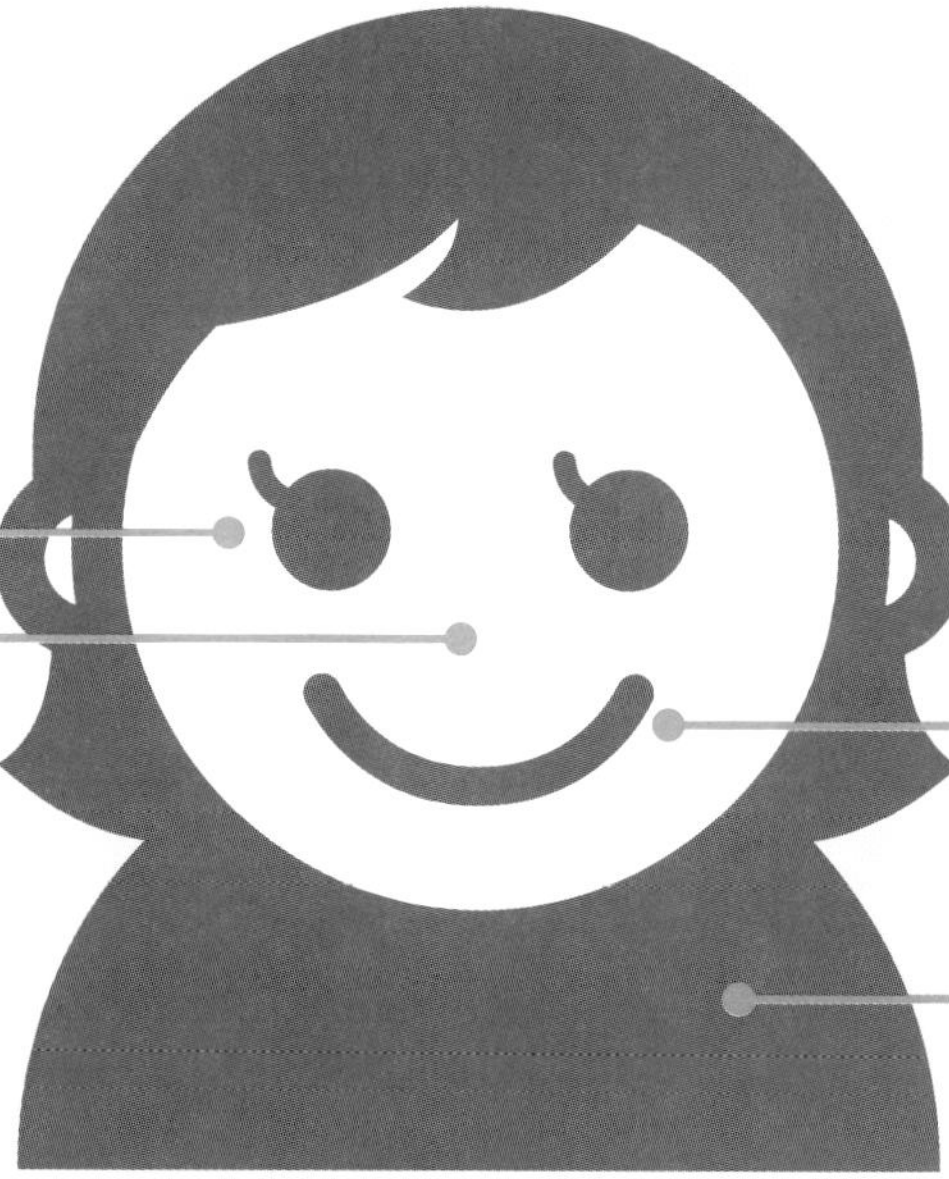

笑顔

楽しい、面白いと感じているときの笑顔は上まぶたが下がり、目尻にシワが寄り、口角と目の距離が近づく。つくり笑いの場合は目尻にシワが寄らず、頬の筋肉が本当の笑顔ほど持ち上がらない

姿勢

本当に楽しいときは、身を乗り出し話に集中しようとする。背もたれに体を預けていたり、顔の向きや目線が外れる場合は心の底からの笑顔ではない可能性が高い

STAGE 13

晴れた日の食事デートは好感度アップ

一緒に美味しい食事をとると好感度が増す

美味しい料理を食べている際、人は自然と幸せな気分になり、何事にも肯定的になろうという心理が働きます。さらに、食事中に聞いた話や雰囲気は、食事という快体験と結びつくことで、よいイメージを残すことができます。

これを利用した交渉術に「ランチョン・テクニック」があります。食事によって相手を幸福な気分にさせることで、こちらの交渉や要望が通りやすくなるわけです。

事実、食事の前・最中・後にさまざまな意見を紹介し、その印象を聞く心理実験では、食事中に紹介された意見が最も多くの人に好意的に受け止められました。得意先への接待で美味しい食事やお酒を振る舞うのは、「ランチョン・テクニック」の代表例といえるでしょう。

もちろん、これは意中の異性を落とす際にも使えます。**一緒に美味しい食事をとることで相手は満たされた気持ちになり、自然とあなたへの好感度もアップするという仕組みです。**さらに、天気のよい日は心がなごみ、頼み事を引き受けやすくなるという実験データもあります。気になる異性と親密になりたいのなら、晴れた日の食事デートに誘うのがベストといえるでしょう。

一緒に食事をすると親密さが増す

料理
美味しい
快楽
満足
幸せ
雰囲気
なごやか
楽しい
心地よい
晴れ
気持ちがいい
気前がよくなる

・美味しい料理を食べた満足感、なごやかな雰囲気、
晴天の気持ちのよさがプラスされ、
一緒に食事をした人への好感度アップにつながる

STAGE 14

暗闇効果と吊り橋効果で恋を演出

暗い場所とドキドキがふたりの仲を急接近させる

あなたは気になる異性と遊ぶとしたら、どんなスポットに出かけるでしょうか。ここでは、心理学的な見地からのおすすめスポットを紹介します。

まずは「**暗闇効果**」。照明の暗いバーや花火大会など、**暗い場所で相手の存在が不確かになると、人間は不安に思って相手に近寄ろうとします**。つまり、こうしたスポットに行くだけで、自然と身体的、心理的な距離を縮めやすくなるわけです。また、暗くなると人間の判断力や思考力は低下することから、普段なら警戒されるような口説き文句やそっと手を握るといった行為も案外受け入れてもらいやすくなる可能性も……。ここぞという場面では活用してみましょう。

もうひとつは「**吊り橋効果**」です。これは、**吊り橋を渡るときのような緊張感や不安、恐怖からくるドキドキを、恋のときめきと錯覚する心理のこと**。この「吊り橋効果」を狙うならジェットコースターなどの絶叫マシーンがある遊園地や、高い場所にある展望台などがおすすめスポットとなります。なかでもお化け屋敷は「暗闇効果」と「吊り橋効果」の両方を備えているため、ふたりの距離をグッと近づけてくれる、恋の成就スポットといえるかもしれません。

恋愛に役立つ暗闇効果と吊り橋効果

■暗闇効果

▼おすすめスポット▼

・バー
・映画館
・プラネタリウム
・花火大会

暗さで相手の存在が
不確かになれば、
不安に思って近寄ろうとする

↓

身体的、心理的な距離が縮まる

暗い場所だと自然とふたりの
距離が近づきやすくなる

■吊り橋効果

▼おすすめスポット▼

・ジェットコースター
・観覧車
・展望台
・お化け屋敷

ドキドキ♡

吊り橋を渡るときのような
緊張感や不安、
恐怖からくるドキドキ

↓

恋のときめきと錯覚する

STAGE 15

共通点を見つけて親密度をアップ

人は似ている部分が多ければ多いほど親しみが増す

初対面の人と会話中、出身地が同じと知って、その場が一気に盛り上がったという経験はないでしょうか。人は自分と共通項や類似点がある相手には好感を抱きます。「この人は私と似ている」と感じると、**自分の存在が正しいと認められたような安心感を覚え、心を開いてくれるのです。**

そのため、誰かと仲良くなりたいなら、その人との共通項を探して、その話題で盛り上がるのが手っ取り早い方法です。共通項は年齢や誕生日、好きな音楽や映画、応援しているスポーツチームなどなんでも構いません。似ている部分が多ければ多いほど親しみも増し、一気に仲良くなれます。

また、打ち解けるための会話では、「オープン・クエスチョン」を活用すると、話を盛り上げやすくなります。やり方は簡単で、「YES／NO」で答えられない質問をするだけ。例えば、話題の本を読んだという人に「その本面白かった？」と聞くと「はい」で終わってしまいますが、「どんな内容の本なの？」と聞けば、相手は具体的な内容を教えてくれます。そうして引き出した情報から、さらにオープン・クエスチョンを繰り返していけば、途切れることなく会話が続き、自然と話も弾んでいくでしょう。

共通点とオープン・クエスチョンで一気に親しい関係に

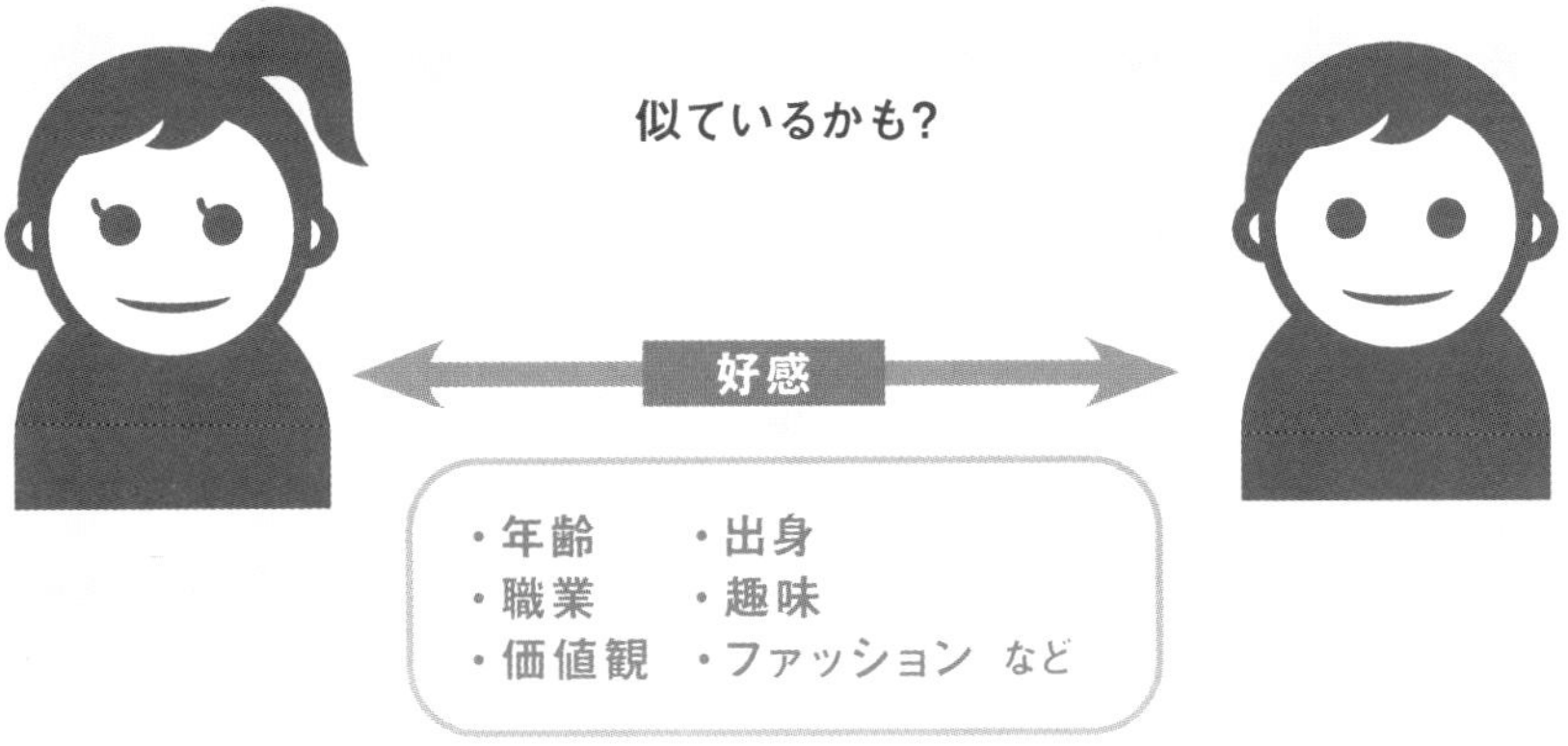
似ているかも?
好感
・年齢
・出身
・職業
・趣味
・価値観
・ファッション　など

・共通点が多いほど相手に対して親近感を覚える

■オープン・クエスチョンで会話上手になる

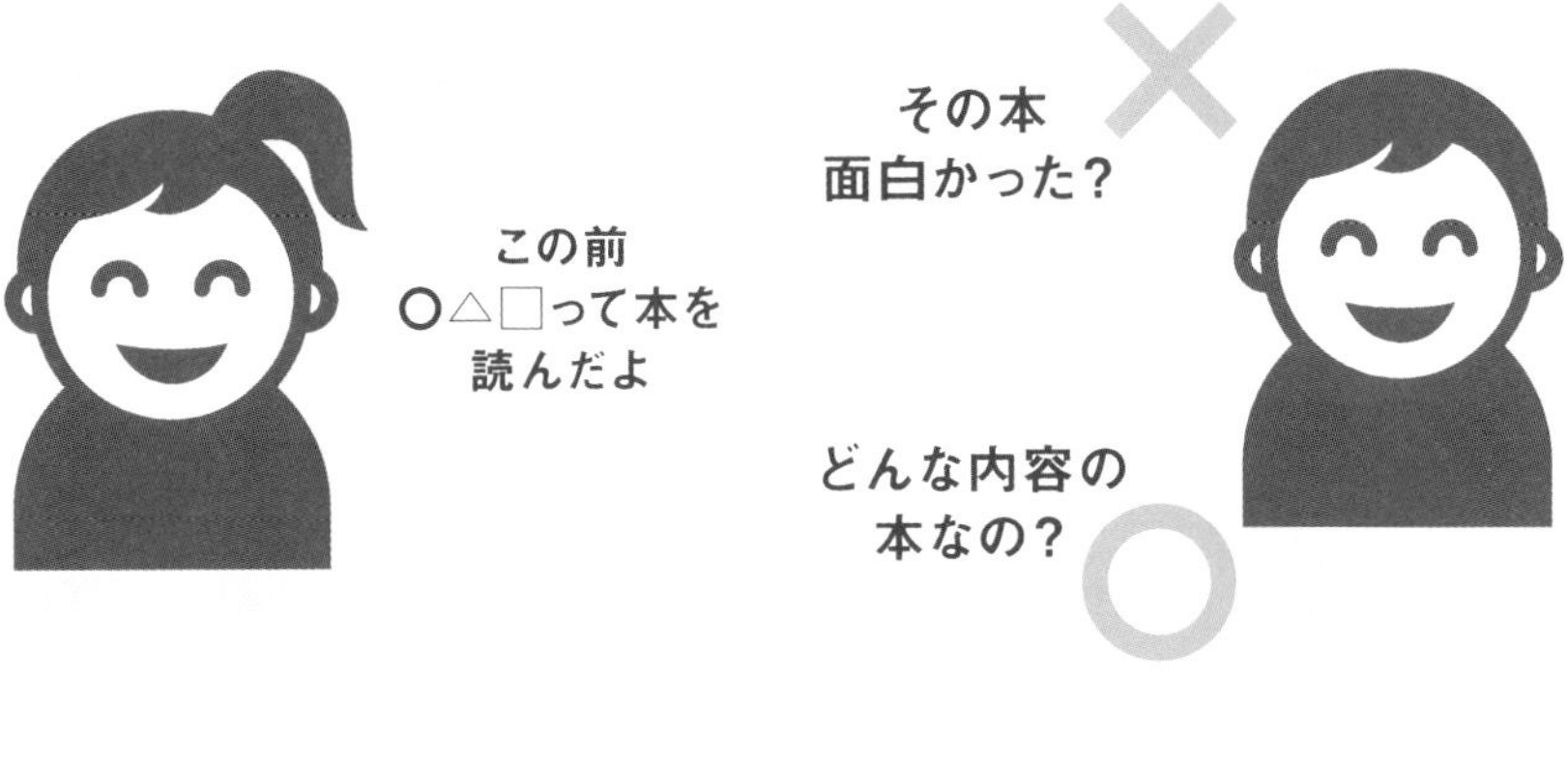
この前
○△□って本を
読んだよ
その本
面白かった?
どんな内容の
本なの?

・「YES」「NO」で答えられない質問をすることで
会話が続き、話が盛り上がる

STAGE 16

相手にまた会いたいと思わせるテクニック

「続きが気になる」人になることで、相手の心を惹きつける

合コンなどで気になる異性がいた場合、そこから進展するためには、まずは相手に「この人とまた会いたい」と思わせることが肝要となります。そのためのテクニックとして有効なのが、**あなたとの話が盛り上がってきたところで「ゴメン！急用ができたので帰る」などと言って、あえて切り上げるという作戦です。**

人は達成できた事柄よりも、達成できなかった事柄のほうが印象に残りやすいため、あなたのこともより記憶に残りやすくなります。また、楽しかったのに残念、名残惜しいという感情が芽生えるため、すかさず次回のデートの約束や連絡先の交換なども簡単にOKしてくれる可能性が高まるというわけです。

あるいは、**別れ際に気になる言葉をかけるという方法もあります。**例えば、「今度会うとき、きみに渡したいものがあるんだ」などと言えば、相手は「なんだろう？」とあなたのことが気になるハズ。連続ドラマや漫画などでは、衝撃の展開や絶対絶命のピンチなど、いい場面で次回に続くというパターンがよく使われますが、これと同じように、**常に「続きが気になる」人になることで、相手の心を惹きつけることができます。**

相手にまた会いたいと思わせるには

■話が盛り上がってきたところで切り上げる

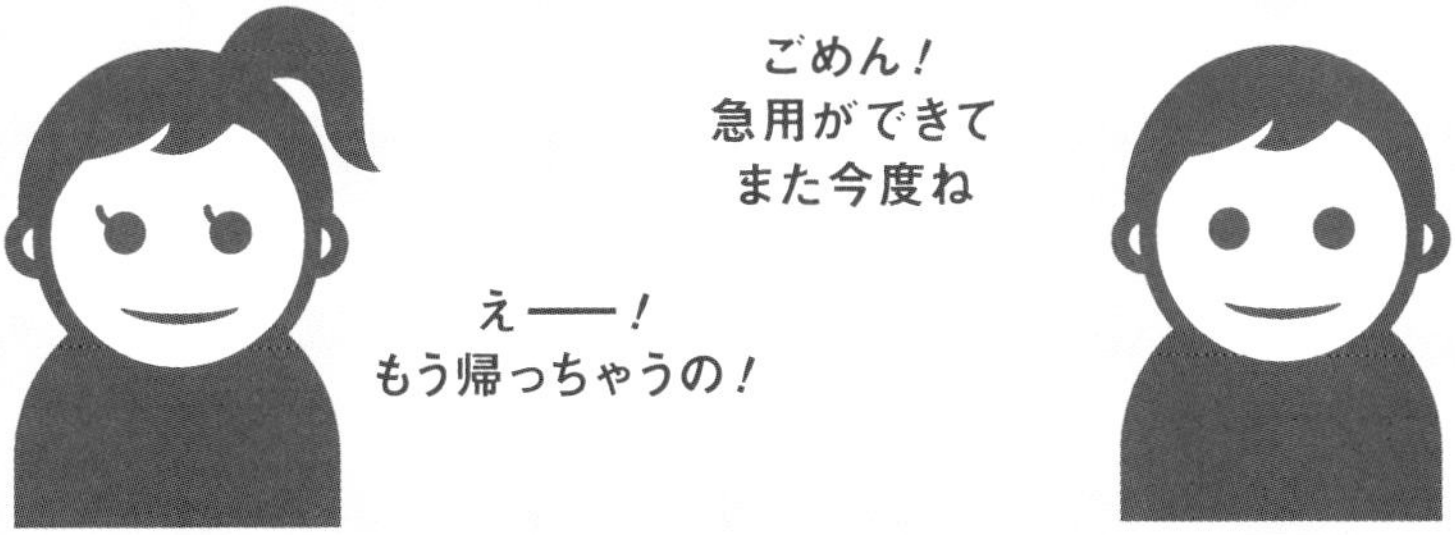
ごめん！
急用ができて
また今度ね
えーー！
もう帰っちゃうの！

あえて早めに切り上げることで、
相手には名残惜しいという感情が生まれる

■別れ際に気になる言葉をかける

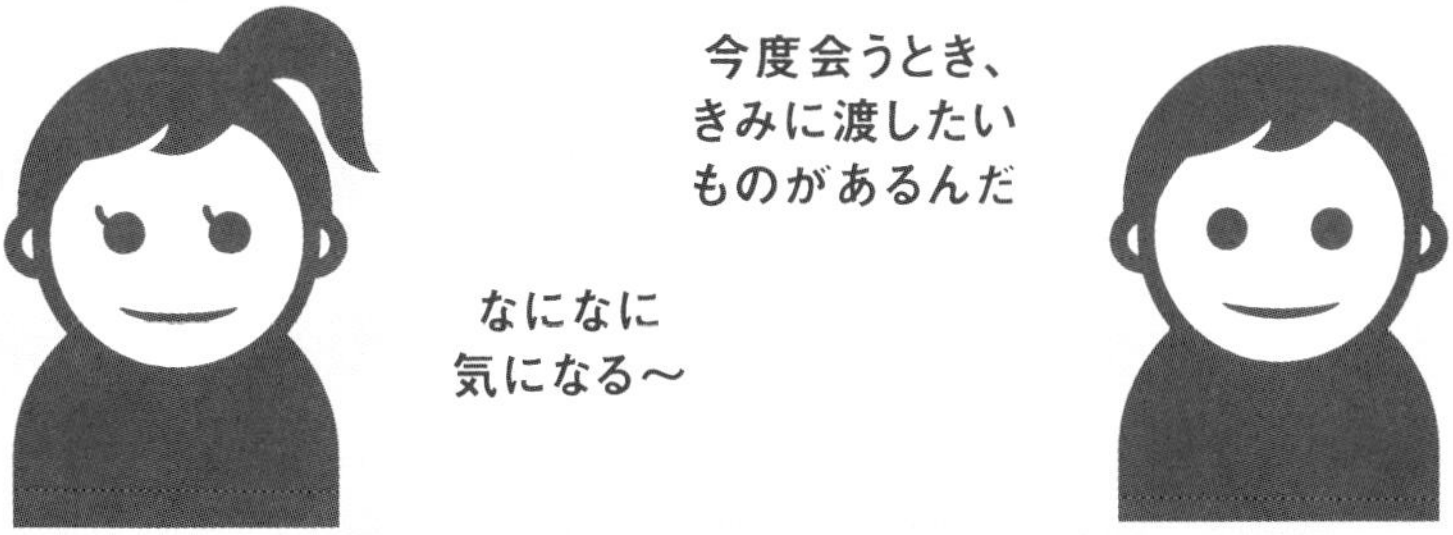
今度会うとき、
きみに渡したい
ものがあるんだ
なになに
気になる〜

人は去り際に交わした会話やイメージが
印象に残りやすいため別れ際の一言が効果的

また
会いたいな

・連続ドラマのように「続きが気になる」人になることで、連絡先の交換や次のデートの約束もスムーズにいく

STAGE 17

相手を離れられなくする心理術

相手のニーズに合った「心理的報酬」を与えることが大事

人間は自分に物理的・精神的な利益をもたらしてくれる相手に対して好意を抱きます。心理学者はこれを**「心理的報酬」**と呼び、そこに含まれる要素を「愛情」「お金」「情報」「地位」「物品」「サービス」の6つに分類しました。これらを与えてくれる人物は、当然ながらその人にとって好ましい相手となるわけです。

この「心理的報酬」はもちろん恋愛においても有効です。ここで大事なのは、相手がなにを欲しているかを見定めること。愛情を欲している人にお金ばかり与えても意味がありません。相手のニーズに合った「心理的報酬」を与えることが、よきパートナーであり続けるためのポイントです。

また、片方だけがいつも心理的報酬を受け取っていると、**「好意の返報性」**（44ページ）によって、「自分もなにかお返ししないと」という心理が働きます。これを利用すれば、相手の心をつなぎとめておくことも可能です。**相手が欲している心理的報酬を常に多めに与えて、少しだけ貸しをつくった状態をキープすれば、相手には「いつも自分ばかり悪い」という罪悪感が生まれます。**この罪悪感を利用することで、あなたから離れられなくできるのです。

相手の心をつなぎとめる心理的報酬

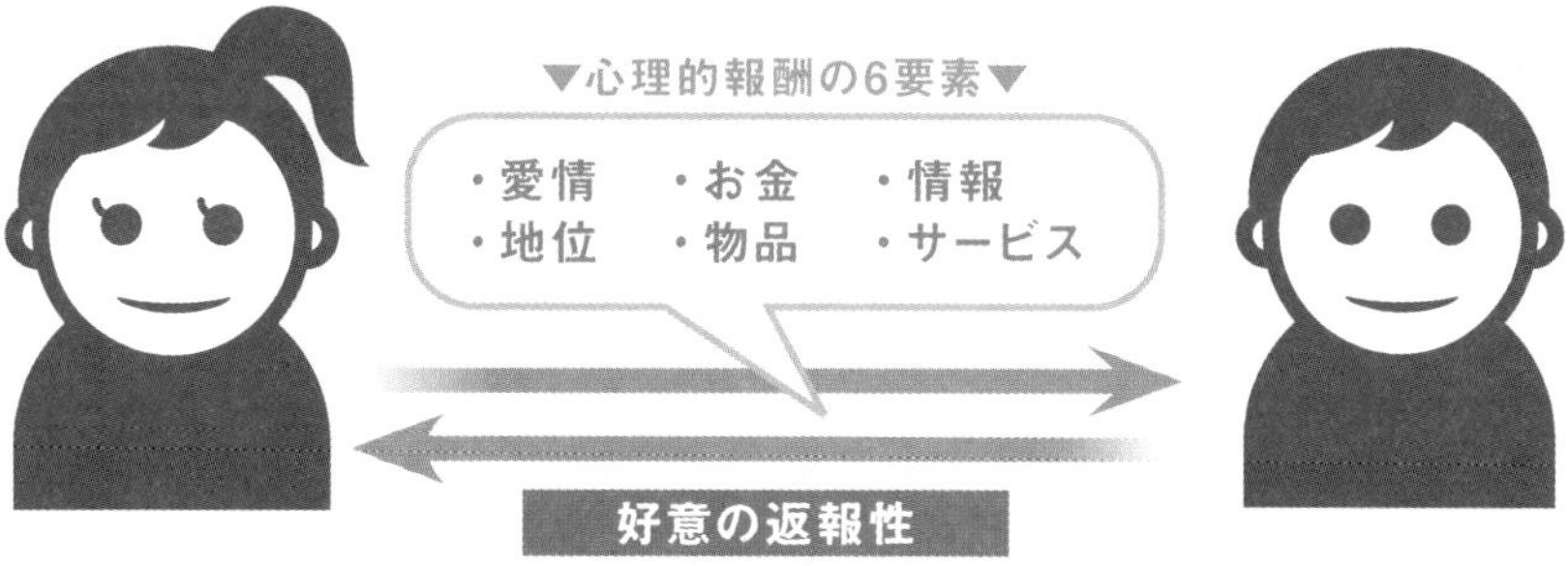
▼心理的報酬の6要素▼
・愛情　・お金　・情報
・地位　・物品　・サービス
好意の返報性

・心理的報酬を与えることで、
相手は自分に好意を抱くと同時に、
「自分もなにかお返ししないと」という心理が働く

**ただし、心理的報酬は
相手のニーズに合ったものでないと効果が薄い**

私は
お金なんかより
あなたの愛情が
欲しかったの
愛情を欲している人に
お金を与えても意味がない

・相手がなにを欲しているかを見定めて、
それを与えることが恋愛関係を長続きさせるコツ

監修者紹介

神岡真司（かみおかしんじ）
ビジネス心理研究家。日本心理パワー研究所主宰。
最新の心理学理論をベースにしたコミュニケーションスキルの向上指導に定評。法人対象のトレーニング、人事開発コンサルティング、セミナー開催などで活躍している。著書に『思い通りに人をあやつる101の心理テクニック』（フォレスト出版）、相手を自在に操るブラック心理術』（日本文芸社）、『「気がきく」人と思わせる103の心理誘導テクニック』（角川学芸出版）、『最強の心理学』（すばる舎）、監修書に35万部のベストセラーとなった『ヤバい心理学』、『もっとヤバい心理学』（日本文芸社）がある。

参考文献

『ヤバい心理学』神岡真司 監修（日本文芸社）／『もっとヤバい心理学』神岡真司 監修（日本文芸社）／『思い通りに人をあやつる101の心理テクニック』神岡真司 著（フォレスト出版）／『仕事・人づきあいで差がつく 知っておきたい心理テクニック156』神岡真司 著（辰巳出版）／『こわいほど使える　アブない心理学』神岡真司 著（青春出版社）

スタッフ

編集　株式会社ライブ（齊藤秀夫／畠山欣文）
制作　永住貴紀／村田一成
装丁　BOOLAB.
デザイン　寒水久美子
DTP　株式会社ライブ

眠《ねむ》れなくなるほど面白《おもしろ》い
図解《ずかい》 ヤバい心理学《しんりかく》

2022年4月10日　第１刷発行
2024年12月20日　第21刷発行

監修者　神岡真司《かみおかしんじ》
発行者　竹村響
印刷所　TOPPANクロレ株式会社
製本所　TOPPANクロレ株式会社
発行所　株式会社日本文芸社
〒100-0003 東京都千代田区一ツ橋1-1-1 パレスサイドビル8F
URL　https://www.nihonbungeisha.co.jp/

Printed in Japan 112220324-112241209 Ⓝ21（300057）
ISBN978-4-537-21983－8

（編集担当：坂）